AF392383

Lady Tabares:
Amo mi soledad

Tras las huellas de la vendedora de rosas

Lady Tabares:
Amo mi soledad
TRAS LAS HUELLAS DE LA VENDEDORA DE ROSAS

JUAN CARLOS ROQUE GARCÍA

Círculo Rojo
EDITORIAL

Primera edición: junio 2018

Depósito legal: AL 1098-2018

ISBN: 978-84-9194-463-8

Impresión y encuadernación: Editorial Círculo Rojo

Editorial Círculo Rojo

www.editorialcirculorojo.com

info@editorialcirculorojo.com

Impreso en España - Printed in Spain

Contenido

Prólogo

Este es un libro de no ficción, testimonial, indagatorio; pesquisa periodística. Y se comprende, pues su autor, Juan Carlos Roque García (1960), cubano residente por más de 20 años en Holanda, es periodista también de larga data, radialista para más señas, y siempre anda micrófono en ristre, mirada atenta, mente abierta y alerta, y corazón latiendo al ritmo de la vida que le rodea. Tempranamente experimentó en Cuba el documental sonoro, modo de hacer que con los recursos del medio radial recrea las historias de vida para hacerlas más atractivas y fáciles de asimilar por los públicos.

Desde ese medio se consagró a la observación constante y a la búsqueda de historias reales de lo nuestro americano. Devino, más de lo que ya era, oteador minucioso y sensible de sucesos relevantes en los ámbitos social, cultural y político, de nuestros países. En realidad, en cualquier ámbito, siempre que estuviera presente la noticia. Y siempre que hubiera, además, algún interés humano al que afiliarse y con el cual insuflarles eso, humanidad, a sus comentarios, entrevistas, reportajes a galope –a pie del hecho en desarrollo o acabado de ocurrir– y, sobre todo, series y documentales.

Por ese camino, el autor, reportero avezado, distinguió un buen día de 1998, mientras cubría para *Radio Nederland* el Festival de Cine de San Sebastián, en el País Vasco, España, a una joven colombiana, de Medellín, que de niña de la calle y vendedora de rosas ambulante, para sobrevivir y ayudar a su familia, se había trocado en estrella de cine y estaba allí, pisando una nunca soñada alfombra roja, con motivo de la presentación de la película *La vendedora de rosas*, del director también colombiano Víctor Gaviria, en la que era protagonista.

Cenicienta convertida en princesa. Nunca más cierto. O lo más grande con lo más chiquito, como acostumbrábamos a decir en cierta época en Cuba. Es decir, una actriz natural, de muy marginal —y para algunos condenable— origen, convertida en figura central de una película que le valió reconocimientos por su actuación, en los certámenes cinematográficos de Viña del Mar, Bratislava y La Habana, y le dio la oportunidad de participar como invitada especial en el Festival de Cine de Cannes, Francia, también en 1998.

Apagadas las luces en las pasarelas de aquellos eventos, emergió dentro y fuera de Colombia, más de lo que ya lo había hecho, la pregunta natural: ¿quién es ella, más allá del filme que le hizo saber a su país y a una parte del mundo que existía? "Me llamo Leidy María Tabares. Nací el 31 de mayo de 1982. Pero desde los 12 años pongo *Lady* cuando escribo mi nombre, como *Lady Di…*" Comerciante informal, la define la enciclopedia *online Wikipedia*, por sus inversiones en esa actividad, hasta ahora no muy exitosas. Una mujer, también según ella misma, cuya vida es una película, historias contadas en la radio, en libros y en una serie de televisión; que ama su soledad, que asegura no haber nacido para ser famosa y, si bien agradece a la fama algo de bien material, más le reprocha las desgracias vividas después de experimentarla.

En este libro —indagación periodística, como ya he dicho— el autor parece pretender justamente eso; descubrir, llegar a saber lo más y mejor posible quién es *Lady* Tabares, y revelárnoslo, hasta donde se puede, por supuesto, hacer algo así, con ella o con el menos críptico de nuestros semejantes. Es decir, limitadamente, porque como bien se afirma, nadie es de un único modo, sino que somos como creemos ser, como nos dicen que somos y como realmente somos.

Una indagación en la que destacan la constancia y paciencia del investigador, quien entrevistó por primera vez a *Lady* Tabares en 1998, en San Sebastián, durante el festival, y sostuvo con ella la conversación más reciente —de manera formal, presencial, sin tener en cuenta muchos otros contactos por teléfono y correo electrónico hasta hoy—, a mediados de 2015 en su casa de Bello, Medellín. Y en la que sobresalen asimismo entrevistas realizadas mientras *La vendedora de rosas*, entonces sin rosas que vender, se encontraba en la cárcel por un crimen, un asesinato que la justicia colombiana dice que sí y otros —como ella misma, por supuesto; su abogado, el cineasta Gaviria y el propio Juan Carlos Roque, más otros amigos y simpatizantes— aseguran que no cometió o pudo no haber cometido, basando esa negación en algo más que dudas razonables pese a las cuales hoy continúa cumpliendo una larga sanción de privación de libertad, en su domicilio desde 2014, luego de extinguir 12 años tras las rejas.

Édgar Domínguez, periodista, escritor y autor de *La niña que vendía rosas*, biógrafo de Lady, dice al autor de este libro, refiriéndose al trato dado por el sistema judicial colombiano a *Lady*: "En este país tendemos a encontrar chivos expiatorios, a victimizar personas, (…) a culpabilizarlas más allá de cualquier ordenamiento jurídico…", y refiere como contrapartida, en su biografiada, la condición de persona fuerte, recia, capaz, arriesgada y rebelde, resultado probable de un poco de educación monástica que recibió tempranamente, luego de escapar de su casa, y del vivir, también desde temprano, en la dura calle.

"Ella se topó con unos fiscales, con unos jueces que todavía quieren castigarla. (…) O sea, que no le perdonan el hecho de que una niña sin estudios, ni primaria terminada, sin ningún mérito de nada, pues llamara tantísimo la atención, se convirtiera en un símbolo", afirma por su parte Víctor Gaviria.

La victimización de *Lady* Tabares —¿también de muchas otras mujeres en su piel?; ¿de cuantas más en Colombia, en América? — no es solo la extrema de la cárcel, donde pasó parte del embarazo de uno de sus hijos y comenzó a criarlo, sino, además, la ejercida por ese lado de los medios de comunicación —el "lado oscuro"—, de su propio país, sobre todo, para el cual la desgracia humana, si vende, no importa que sea desgracia, ni cuánta sea, más bien al contrario. Desgracia que también puede resultar, y de hecho resulta, en los juegos y rejuegos mediáticos asociados a intereses mercantiles, de la banalización de la persona, de la puesta al sol de toda su vida y de la deconstrucción y suplantación simbólica, en el imaginario público, en correspondencia con tales intereses.

Atento y sensible a eso, el periodista Juan Carlos Roque, con la inclusión en este título de entrevistas realizadas en distintos momentos a lo largo de casi 20 años a la protagonista de *La vendedora de rosas*, al director de la película que la hizo famosa, a su biógrafo, a algún que otro amigo de ella y, además, con transcripciones de materiales audiovisuales, despachos de agencias de prensa, entrevistas de colegas de medios colombianos y de otros países, intenta re-construir una *Lady* fragmentada, o a veces distorsionada, omitida, casi invisibilizada, pese a empeños como el suyo —que aquí mismo se citan o cuando menos se mencionan— de presentarla tal cual es, realmente. O no lo intenta él solo, sino que, toda vez que la vida y la saga de *Lady* Tabares continúan, y su realidad está tan ceñida por el reflejo mediático y por el imaginario colectivo de todo un país, pues más bien lo que parece trazarse como meta es que cada uno de nosotros, lectores, en colaboración con él nos armemos nuestra propia *Lady*, con la mayor honradez, objetividad y justicia de que seamos capaces.

"Me sumo con este libro al intento de transparentar lo que según ella otros han teñido a su antojo de los colores más diversos", dice Juan Carlos Roque. Así que, más que deducible, su intención es manifiesta.

Desde el punto de vista formal, para lograr lo que todo escritor quiere con sus libros —que los lean—, utiliza entre otros recursos el viaje hacia atrás en el tiempo, mediante la revisión junto con la protagonista, en una computadora, de parte de lo publicado sobre ella, por otros y por él mismo, incluyendo mientras estuvo encarcelada. "Quiero que me cuentes tu historia (…), pero en sentido contrario al de las manecillas del reloj", invita a su entrevistada. Estilo entre *making of* y *flash back*.

Quizá se eche de menos en este volumen la inclusión de información, pasajes, anecdotario, de la vida de *Lady* Tabares como niña de la calle, pero pienso que, conscientemente, el autor decidió que así fuera, teniendo en cuenta que antes existió, existe y es muy conocida la película *La vendedora de rosas*, vista y vuelta a ver ya por más de una generación, en Colombia y allende sus mares, y que, además han sido publicados el libro de corte biográfico "*Lady* Tabares: La niña que vendía rosas"; la serie de televisión "*Lady*, la vendedora de rosas", producida por *RCN Televisión* y *Sony Pictures Television*, y basada en el libro de Domínguez, y el documental "Lady, mi historia", de la periodista Natalia Orozco.

Las causas de que en la calle Niquitao, del barrio medellinense de Colón, en Colombia y en otros países de la región haya niños de la calle, abandonados, famélicos, a merced de la droga, la prostitución, el pandillerismo y otros demonios, son las mismas por las que todavía, a pesar de haber sido famosa —estrella de cine, Cenicienta convertida en princesa hasta las 12—, a pesar de haber intentado superarse a sí misma una y otra vez, *Lady* Tabares, de distintas maneras, siga sufriendo ser eso: una niña de la calle, similar a los personajes de aquella otra película del español Luis Buñuel, "El ángel exterminador", en la que los personajes querían salir de una casa de puertas abiertas, pero siempre que parecían decididos a hacerlo, algo los hacía quedarse, "algo", no se sabe qué —¿no se sabe? —los mantenía allí, condenados, al parecer hasta siempre.

Para *Lady*, quien considera que en la vida todo pasa y que "solo hasta que lo vives puedes comprender lo que es estar en el zapato del otro", su propia historia entraña una moraleja que, a petición de Juan Carlos Roque, ella resume así: "No duden que en esta vida estamos de paso, no teman equivocarse, pero tengan la firmeza de volver a levantarse y sentir seguridad de que se puede ser mejor si aceptamos esos errores y aprendemos de ellos".

¿Cómo explicarnos a quien así discurre? Víctor Gaviria, quien la conoce bien, le dice al autor de este libro ahora en sus manos: "Tenemos que entender qué (*Lady* Tabares) es ese personaje, único de la vida nacional, que no sabemos si es ficción o es real, pero un personaje que ciertamente nos está diciendo quiénes somos nosotros".

Heriberto Rosabal
La Habana, 30 de abril de 2018

Prefacio

Bello, Medellín, Colombia.
Mayo de 2015

Un dispositivo electrónico ciñe su tobillo derecho y le impide dar un paso fuera del perímetro marcado por el Instituto Nacional Penitenciario de Colombia (Inpec). Por eso *Lady* Tabares no puede salir a recibirme y me abre la puerta desde el piso de arriba, a donde subo por la escalera. El ingenio carcelario utiliza tecnología de radiofrecuencia y transmite señales a una caja instalada dentro de la casa que a su vez se comunica con el centro de monitoreo en Bogotá. Si intentara quitárselo o alejarse del área permitida, se activaría la alarma.

"Me llamo Leidy María Tabares. Nací el 31 de mayo de 1982. Pero desde los 12 años pongo *Lady* cuando escribo mi nombre, como *Lady Di*. Así me conocen todos, también usted, mi rey, desde que nos vimos por primera vez hace casi 20 años. Lo sabes muy bien, mi vida es una película; son historias contadas en la radio, en libros y ahora también en una serie de televisión", me dice, como disparándole a ese destino que la persigue, que la hace heroína sin saber a veces por qué y la deja desnuda a la vista de todos, en un *reality show* sin fin.

La tengo de nuevo frente a mí; ella sentada sobre su cama y yo en una silla, en la habitación que ocupa en la azotea de su casa del municipio Bello, cerca de Medellín. Mientras habla, dibujo sobre un papel la esfera de un reloj con doce segmentos a los que vamos poniéndoles nombres en representación de los distintos momentos de su vida desde que el cineasta Víctor Gaviria la catapultara a la fama como protagonista de la película *La vendedora de rosas*, donde interpreta a Mónica, otra niña de la calle, que murió antes de iniciarse el rodaje.

—Esta vez no voy a entrevistarte. Quiero que me cuentes tu historia como la has resumido en este "reloj de vida", pero en sentido contrario al de las manecillas— le pido.

—¿A contrarreloj? Primera vez que me piden algo así. Casi siempre, al evocar mi vida, comienzo por mi pasado.

—Sí, pero esta vez será diferente— le digo, mientras Magdalena, su mamá, se asoma a la puerta y pide permiso para interrumpirnos y ofrecernos un tinto, como llaman al café en Colombia—. Nos detendremos en algunos pasajes —ella asiente, en señal de aprobación— y así tendrás tiempo para descubrir cómo los medios han contado tu historia. Iremos haciendo pausas para ver videos en mi tableta y leer algunas reseñas de los periódicos en tu ordenador, y así podrás explorar esos pasajes y reflexionar sobre ellos.

Aunque en sus etapas de niña y adolescente la vida de *Lady* Tabares tuvo mucho en común con la de su amiga Mónica —asesinada de un balazo mientras se rodaba la película—, ahora ha tomado otro curso, llevándola quizás hasta los límites entre la realidad y la fantasía, o entre esta y lo que su compatriota Gabriel García Márquez, con su literatura, acuñó como realismo mágico. Su verdadera historia más reciente todavía no ha sido contada como ella quisiera. Solo la han trillado a conveniencia los medios de comunicación más poderosos, hasta convertirla en la *Lady* colombiana.

Excepción del festín mediático son miradas como la del periodista colombiano Édgar Domínguez, que en 2003 escribió el libro "Leidy Tabares: La niña que vendía rosas", resultado de decenas de horas de entrevistas con nuestra protagonista sobre la realidad que vivió tanto en las calles de Medellín como después en la película junto a sus compañeros de fórmula.

Igualmente lo es el documental "Lady, mi Historia", dirigido por la reconocida periodista Natalia Orozco, quien lo preparó durante más de un año. En este, ante las cámaras de *RCN Televisión*, *Lady* habló por primera vez, sin tapujos, sobre su vida desde que salió del centro penitenciario *El Pedregal*, en Medellín, el 8 de mayo de 2014.

Más recientemente, en 2015, esa misma tele emisora y *Sony Pictures Television* estrenaron la serie *"Lady, la vendedora de rosas"*, basada en la obra de Domínguez, quien actualizó y reeditó su historia sobre esta mujer, ahora de 36 años, mientras avanzaba la producción televisiva.

Y hoy, casi veinte años después de haberla conocido en el Festival de Cine de San Sebastián, País Vasco, España, adonde acudí en 1998 como periodista de *Radio Nederland*, me sumo con este libro al intento de transparentar lo que según ella otros han teñido a su antojo de los colores más diversos. Con ese afán sigo en estas páginas los pasos de Lady Tabares, su huella.

Lady *y yo en su casa del municipio antioqueño de Bello, mayo de 2015. Foto: Consuelo Alméciga Rincón.*

I.- Casa por cárcel

"Estoy viviendo, a ver, eso que pasa en la televisión cuando se detiene la imagen y le dan hacia atrás y hacia adelante, y todo parece girar. Y todo sucede así, como en cámara rápida, tas, tas, tas, y se devuelve tan rápido que lo golpean a uno esas imágenes.

"Hace unos días, estaba acá sola, porque la paso muy sola. Mamá me dice todo el tiempo: '¿Usted por qué la pasa tan sola, *Lady*?' Y de pronto yo en el fondo no quisiera. No sé. Eso de preferir la soledad está conmigo ya desde hace tiempo, no ahora que volví a casa".

En su computador, con la ayuda de Internet, *Lady* Tabares tiene ahora la oportunidad de repasar lo acontecido el día que se reencontró con los suyos.

8 de mayo de 2014

A las 5:40 de la tarde, escoltada por dos guardianes en una pequeña camioneta totalmente cerrada, *Lady* abandona la cárcel de *El Pedregal*. Tras una larga espera en las afueras del recinto, varias simpatizantes cumplen el deseo de sus compañeras de celda de darle la bienvenida con voladores, "como señal de que la chica que deslumbró en el Festival de Cine de Cannes en 1998 con su papel de Mónica, comenzaba a escribir otra historia en su dramática vida", según reseñaba desde Medellín el periódico *El Tiempo*, mientras la televisión de la corporación que edita ese mismo rotativo reflejaba así el acontecimiento:

PROGRAMA ARRIBA BOGOTÁ (De CITYTV, el canal de la casa editorial EL TIEMPO[1]):

PERIODISTA: El sonido de los voladores anunciaba la salida de Lady Tabares del pabellón de mujeres de la cárcel El Pedregal, de Medellín. Después de horas de espera, La vendedora de rosas salió en un vehículo del Inpec para llegar hasta su casa, la misma a la que no iba desde hace doce años. En el municipio de Bello, al norte de Antioquia, vecinos, amigos y familiares la esperaban con los brazos abiertos, en especial sus dos hijos. El emotivo reencuentro dejó ver la felicidad de los presentes.

LADY: Agradecida con Dios, con la vida, con la gente que ha estado conmigo todos estos años, mis amigos.

PERIODISTA: La actriz recuerda cómo fueron las últimas horas antes de salir del centro penitenciario.

LADY: Yo no sentí en ningún momento ansiedad. A los profesores del Inder (Instituto de Deportes y Recreación) que hoy fueron allí al patio 4 a darme la despedida, y fue también muy emotivo. La verdad es que no tuve tiempo para la ansiedad ni para el desespero.

PERIODISTA: Lady, la mujer que protagonizó la cinta del director colombiano Víctor Gaviria, que la llevó al festival de cine de Cannes, hoy ve como una oportunidad la decisión de un juez de darle detención domiciliaria por haber pagado parte de una condena de 26 años de prisión por el homicidio de un hombre de 44 años de edad.

---

[1] CityTV. Programa Arriba Bogotá: Salió de prisión Lady Tabares "La vendedora de rosas" (Publicado el 9 de mayo de 2014)
https://www.youtube.com/watch?v=NRdYmIaGozA

LADY: Solo cosas buenas, sueños a realizar, proyectos.

PERIODISTA: Su familia aún se encuentra anonadada con su inesperada visita, pero con la ilusión de comenzar una nueva vida.

HERMANA DE LADY: Es algo que no lo puedo describir, porque lo soñé muchas veces. Cuando ella se fue era una niña y ahora encontré a una mujer, que ya tiene dos hijos, y que en realidad no sé, no sé qué decir. Sin palabras, como dice ella.

PERIODISTA: Y aunque La vendedora de rosas no sabe si volverá a las pantallas, sí tiene claro que pasará el Día de la Madre con sus hijos y celebrará el próximo 31 de mayo su cumpleaños número 32.

A *Lady* la esperaron en casa su madre María Magdalena, sus hermanos Angie y Brahian, y sus hijos, Fernando José Ortega, de 14 años, y Julián Esteban Castañeda, de 11. Ya en libertad, la celebración fue en compañía de todos ellos, con un mariachi y un delicioso sancocho al estilo de su veterana madre. La reunión duró hasta bien entrada la madrugada. Así la resumió al día siguiente un canal de televisión:

9 de mayo de 2014
NOTICIAS CARACOL[2]

CONDUCTORA DE TELEVISIÓN: La vendedora de rosas, Lady Tabares, pasó su primera noche en casa luego de recibir el beneficio de prisión domiciliaria a cumplir parte de su condena de 26 años por el asesinato de un taxista.

---

2. Noticias Caracol: De la vendedora de rosas me queda la soledad: Lady Tabares (9 de mayo de 2014)
https://www.youtube.com/watch?v=wldK3eQCC5c

Diana Pérez, ¿qué dijo Lady hoy, después de dormir en su casa?

PERIODISTA: Muy buenas tardes. Pues mire, la fiesta fue hasta las 3:00 de la mañana. Asegura que de hecho no pudo ni dormir de la emoción. Ella siguió dándole gracias a Dios por permitirle terminar su condena de forma domiciliaria. Recordemos que son 26 años. Y ya es la tercera parte que ella pagó en diferentes cárceles de Medellín, y esta vez la terminará desde su casa.

La vida de Lady Tabares es de rosas y espinas. La protagonista de La vendedora de rosas asegura que después de doce años en la cárcel, es una mujer aterrizada. De Mónica, como se llamaba su personaje, extraído de su vida real, queda poco.

LADY: Mónica era una niña que consumía, que era muy solitaria. Entonces, de ella me queda esa soledad.

PERIODISTA: Vio el asesinato de su mejor amigo, Giovanni Quiroz, el llamado Zarco en la película, y presenció junto con su pequeño cuando acribillaron al padre de su hijo. Tuvo fama y gloria. Pasó por varias cárceles del país y continuará pagando su condena, pero desde su casa.

LADY: Yo creo que las personas que tuvieron que ver en eso, cada uno sabrá.
Eh… Pero también soy partidaria de que no necesariamente tuve que ir a pagar eso.

PERIODISTA: Son 26 años de condena por homicidio y hurto agravado por el crimen de Oscar Galvis Osorio, taxista de 44 años. Pagó la tercera parte y hoy con reclusión domiciliaria.

PERIODISTA: Seguirá pagando la condena fuera de los muros, ahora con su familia, esperando dejar atrás su tormentosa vida. Asegura que es otra oportunidad de vida en la que aprovechará para poder estudiar Medicina Forense.

Lady cierra la ventana de videos en el computador y se queda mirando fijamente hacia sus manos, que aprieta hasta ponerse rojas las uñas.

"Amo mi soledad y aunque ahora estoy viviendo una etapa muy bonita, porque es muy bello todo lo que vivo con mi familia, reencontrarme con tantas personas, contigo, después de tanto tiempo —solloza y hace una larga pausa—, quiere decir que de una u otra manera he seguido vigente, aunque en mi ignorancia crea que estoy sola. O que me he sentido sola o esas cosas. Mentira, es que estaba ahí muy acompañada. Pero yo siento que aún no he podido vivir. Hay cosas que a mí todavía me sorprenden y que para la gente es tan normal. Y de pronto me dirán esta tan boba. Entonces siento que, incluso así, con todo lo que he vivido, yo como que no he vivido todavía. Me siento como si todavía no hubiera salido del cascarón, que tengo como mucho por vivir. Necesito vivir mucho, con mis hijos, con mamá, con mi vida, con mi mundo, con todo. Y ahora es cuando yo vengo a aceptar esa realidad verdaderamente, a reconocerla, de lo que era la fama de *Lady* Tabares".

Su mente se traslada a los días en que se convirtió en una de las reinas de varias pasarelas del cine europeo y pronuncia el nombre de Cannes. "Eso, digamos, fue como la magia del cuento de hadas" —recuerda. "Lo que, no sé, cualquier persona popular podría soñar, pero que nunca se imagina que le va a pasar. Pues, al menos yo, jamás pensé vivir algo como lo de Cannes, donde me trataron tan bien, donde de pronto me dieron más valor".

—San Sebastián —exclama con vehemencia—. Allí nos conocimos. San Sebastián fue también algo muy bonito. Bien chévere.

Digamos que todo ese fue un pedazo del cuento de hadas de *Lady*, realmente. Lo que marcó mi vida, también, a nivel positivo.

De pronto, respira profundo. Se viene abajo. No puede contener un llanto repentino, como desenlace de sus recuerdos.

"Yo sé que, en tantos años, donde el silencio… Mucha gente de pronto ha estado ahí. Y yo valoro mucho eso. O sea, el estar ahora acá, en esta libertad, empaparme de todo lo que es la tecnología y esas cosas (redes sociales), me doy cuenta que en el periodo de 12 años (desde que fue acusada de instigar al asesinato de Óscar Galvis Osorio, en 2002) o, digamos, 16 años, contando también el periodo de la película *La vendedora de rosas*, había mucha gente ahí acompañándome. Pero, digamos que mi realidad es la soledad, sí. Entonces, no sé, se me hace como muy difícil estar mucho tiempo acompañada. No que me haga daño ni tampoco que me estorbe, sino que amo mi soledad, como dice la canción.

Amo mi soledad
porque ella tiene el sincero vacío de mi existencia
la mano temblorosa que sostiene
la copa que me diera la experiencia.

Amo mi soledad como testigo
de lo que a solas vivo murmurando
frente al espejo que cual fiel amigo
repite frente a frente lo que digo
y que toda la vida estoy callando.

Amo mi soledad
porque me avisa que cuando siento pasos en la alcoba
es mi cuerpo el que solo en ella pisa
y esta a la vez ya no se siente sola
porque sabe que aquel hombre que la ignora
le paga en la mañana con la risa....

No, no, no, que yo me encuentro solito y no tengo ni un amor
por eso yo amo mi soledad
en mi cuarto tengo un cuadro y en el cuadro hay una Eva
y me le quedo mirando
pero yo solo me quedo y miro a Eva.

Por eso yo amo mi soledad
mi espejo es mi confidente,
mi espejo es mi fiel amigo
y de lo solo que vivo
oye en mi vida ese espejo es el testigo.

Por eso yo amo mi soledad
me hacen falta algunas manos
y me hacen falta los besos
como a todo ser humano
por eso mira por eso vivo solo
por eso yo amo mi soledad.

Hola soledad
no me extraña tu presencia jamás
por eso yo amo mi soledad
y así por eso es que quiero
a mi triste soledad[3].

[3.] Canción Amo mi soledad, interpretada por la orquesta colombiana Rebelión, dirigida por Fernando Martínez. Originalmente un poema escrito por Argemiro Grajales, nacido en Cartago, municipio colombiano ubicado al norte del departamento del Valle del Cauca. Grabado en Codiscos, Medellín, en 1985. https://www.youtube.com/watch?v=Lt0f75cI7ec

Lady *en la terraza de su casa en el municipio Bello, mayo de 2015.*

"La libertad es… —respira profundo, hace una larga pausa—; después que uno es libre espiritualmente, lo demás es circunstancial también. Pero ahora estoy con mi familia, con mis hijos. Los encuentro grandes. Mis hermanos grandes, muy grandes, ya como muy autónomos de sus decisiones cada uno. Ha sido muy bonito. La libertad es una de las mejores cosas que ha pasado en la vida de *Lady* Tabares. Comenzar otra vez, después de doce años, exactamente, de ausencia".

II. Nunca me habían regalado rosas

Lady Tabares apela a su memoria ayudada por grabaciones de aquellos tiempos antes de que su vida diera el giro inesperado que la llevó a la cárcel. Una de estas es la del capítulo de la serie radiofónica *Cine Latinoamericano: Rarezas y Entretelones* —transmitida por *Radio Nederland* en 2001, tres años después del éxito del filme de Víctor Gaviria que la lanzó al estrellato—, en el que me narró con lujo de detalles su andar por Medellín, sus avatares y las duras condiciones de vida de los niños de la calle en esa ciudad.

Para entonces ¿en qué había cambiado *Lady*? Mis preguntas estaban dirigidas a averiguar qué se escondía detrás de la niña que, de vez en cuando, seguía buscándose la vida con la venta de rosas. Recuerdo que, con esa intención, le pregunté: Lady, ¿se te han marchitado alguna vez tus rosas?"

"Sí, claro. No por ser *la vendedora de rosas* siempre van a estar bien. Antes y después de la película se me han marchitado, claro. Y las veces que eso ha pasado he tenido grandes problemas. Cosas que me han herido harto, harto. Y, muy pocas veces pasa, pero sí ha pasado".

¿Y la vida, se te ha marchitado alguna vez la vida?

"Sí, se me marchitó alguna vez. Cuando supe que estaba embarazada sentí que se me marchitaba mi vida. Yo no sé, el saber que iba a tener un hijo, eso fue algo duro para mí. Muy duro, muy duro. Pero, digamos, con la ayuda de Papá Giovanni y de mi mamá, yo no sé, yo volví a nacer. Y empecé a querer a mi hijo y a sentirlo como tal, y de un momento a otro lo amé con todas mis fuerzas".

Lady se refería a Giovanni Patiño, nacido en Barrio Triste en medio del hampa, el sicariato y la prostitución, y trabajador social desde joven con los habitantes del sector y con la población flotante. Con el tiempo, pasó de mecánico de autos a director de cine, gracias a las enseñanzas del cineasta Víctor Gaviria mientras actuaba en *La vendedora de rosas*, en el año 1998.

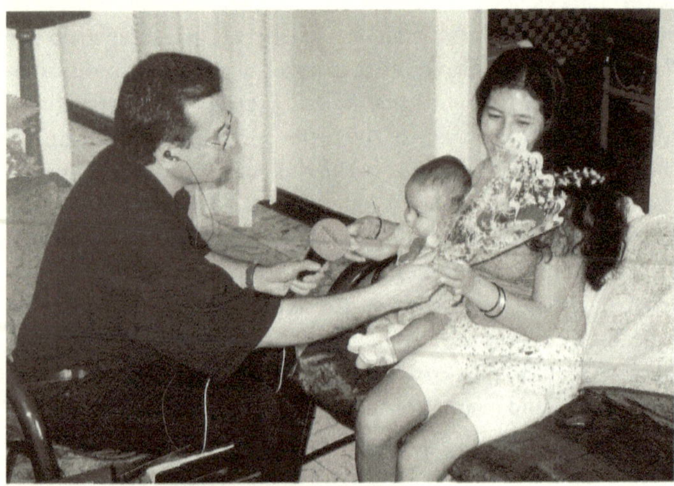

"Nunca me habían regalado rosas", le dice Lady *al autor de este libro. Medellín, abril de 2001. Foto: José Fernando Londoño.*

Hay quienes llegan al cine tras haber estudiado actuación, pero otros, como *Lady* y Papá Giovanni, tienen mejor suerte y pueden reflejar en la pantalla grande su propia vida, no actuando, sino siendo ellos mismos. Así, el mundo entero puede conocer sus vidas y vicisitudes; en este caso, las vidas y vicisitudes de niños de la calle en Medellín.

—¿Sigues siendo la misma de aquellos años, a finales de los noventa? —le pregunté.

"No, no. Mi vida ha cambiado mucho. Vea, ya tengo un hijo y vivo en otro lugar, de otra manera. Vivo aupada por mi gente, o sea, mi familia, con la cual no convivía antes. Y hago ya otras cosas. Pues sigo en la venta de las rosas, pero ahora estoy también estudiando la primaria. Estoy repitiendo la primaria (sonríe) porque se perdieron unas calificaciones".

El paso por el cine fue, como quien dice, en el escenario vivo, porque ella y sus amigos no acudieron a un plató en un estudio. Fue en la propia calle donde expresaron lo que sentían y vivían. De esa gente, de esos amigos, ¿qué había quedado para ella?

"De muchos me han quedado solo recuerdos, de la mayoría de los hombres de la película. Todavía estamos, pues, todas las muchachas y nos vemos. Ya unas van para tres hijos, otras tienen dos. Hay una que no está muy bien. Pero seguimos juntas y tenemos de los demás un recuerdo que es bonito; que a pesar de todo lo vivido, es bueno recordar a aquellos muchachos que ya se han ido, porque de igual manera yo no fui la única que hizo la película, y ellos siempre van a estar ahí, por muy lejos que estén".

Y en Colombia, ¿cómo empezaron a verla, a partir de saberla una niña de la calle?

"Pues la gente, de verdad, me quiere mucho. Algunos decían que fui muy grosera en la película, que eso no debí haberlo hecho, pero es más la gente que le gusta que la que de pronto opina diferente".

Claro que hubo detractores, personas a las que les molestó que Víctor Gaviria reflejara ese Medellín en el filme. Pero ¿sintió ella en algún momento rechazo, represalias de alguien, de alguna autoridad en particular?

"No. No lo he sentido hasta este momento".

Tres años después del éxito de la película, Medellín seguía siendo el mismo para *Lady*.

"En nada ha cambiado. Pues se han dado pactos de paz, pero sigue lo mismo. Todavía se ven los niños en la calle. Con el sacol (pegamento industrial) la gente todavía se sigue drogando. Siguen las peleas, las muertes; todo sigue igual".

Ella al menos había cambiado algo. Ya no era drogadicta. Lo único que muestra la película y que no le había pasado era morirse, confesó *Lady* en 1999 al periódico español "El País", y no le llegó el turno porque tuvo mucha voluntad. Por eso propuso: "Aunque la droga es mala, también se debe empezar a cambiar desde la casa y el corazón de cada uno"[4].

Pero, ¿se arrepiente *Lady* de haber hecho esta película? "No", respondió categórica.

"Jamás me voy a arrepentir porque *La vendedora de rosas* me ha abierto puertas de las cuales yo no me arrepiento, no me avergüenzo. Por el contrario. Y a la gente de aquí como a la de afuera les ha gustado. Es bueno que hablen bien o mal, que opinen es bueno para uno".

Tras el éxito en el cine, y aprovechando la fama, *Lady* trató en vano de recomponer su vida trabajando en una corporación para ayudar a niños de la calle y a jóvenes prostitutas, pero los apoyos prometidos no se cumplieron. Volvió entonces a vender rosas.

Y la muerte y la desgracia, muy parecidas a las que Víctor Gaviria muestra en la pantalla grande, siguió persiguiendo a los protagonistas de *La vendedora de rosas*. De los actores naturales

---

[4] Periódico español El país: Una actriz que vende rosas.
https://elpais.com/diario/1999/11/04/ultima/941670009_850215.html

que participaron en la producción de esa película habían sido asesinados Giovanni Quiroz, alias *El Zarco*; Mónica Rodríguez, la inspiradora de la película; Elkin Vargas, alias *Elkin* o *Murdoc;* así como estos otros cuatro: Andrés, *El Flaco*, *El Botas* y Don Héctor.

Lady no fue la excepción. En agosto de 2002 —un año después de nuestra entrevista en su casa de Bello— fue acusada, junto a su compañero sentimental, Édison Castañeda, de incitar a unos adolescentes para que asesinaran a Óscar Galvis Osorio, un taxista de 44 años a quien Tabares asegura no conocer. Quien la inculpó dice que ella proporcionó los cuchillos a los homicidas, aunque el fiscal sostuvo que la víctima murió baleada.

Fue en la calle, su lugar natural, donde Tabares y Édison, de pronto, se vieron involucrados en la muerte del taxista, en un supuesto intento de robo.

Las fuentes judiciales refieren así el hecho:

> Según una investigación del Cuerpo Técnico de Investigación, CTI, de la Fiscalía, el 16 de agosto del 2002, Tabares, junto con Édison Alberto Castañeda, abordó en Medellín a un comerciante de 44 años para robarlo, pero terminó quitándole la vida.

> La investigación comprobó que Tabares y Castañeda interceptaron a su víctima, Óscar Jesús Galvis Osorio, en la estación Tricentenario del Metro de Medellín.

> Después, para poder quitarle el carro, se lo llevaron hasta una finca en Bello (Antioquia), donde lo mataron y lo enterraron en el mismo lugar.
> Tabares fue capturada días después en la misma población de Bello...

III. Soy inocente

La noticia de tu arresto me sorprendió aquella mañana del 17 de agosto de 2002, mientras trabajaba en la producción de La Matinal, el informativo de *Radio Nederland* —le cuento a *Lady* doce años después. Desde Colombia llegaba aquella información a la que me costaba dar crédito: "*Lady* Tabares, la protagonista de la película *La vendedora de rosas*, acusada de estar involucrada en el asesinato de un taxista".

"Sí, recuerdo que hacía poco más de un año me habías visitado en mi casa del municipio Bello", me confirma ella.

Ese día —le digo— me pusiste a correr. Busqué de inmediato la cinta magnetofónica con la grabación de la entrevista que te hice en esa visita y elaboré un despacho para la emisión de aquel noticiero muy escuchado en América Latina.

Luego, me di a la tarea de ir contrastando las fuentes. Deseos no me faltaron de viajar hasta Medellín a cubrir la noticia —le refiero—, pero tardé año y medio en conseguir la autorización para viajar y los permisos del Inpec para entrar a la cárcel a entrevistarte. Así que me resigné a leer los despachos que iban llegando con informaciones sobre el caso, algunas dudosas, otras muy documentadas, que quizás hayas buscado en Internet, ahora que estás en prisión domiciliaria y tienes un ordenador en tu habitación. A propósito de eso, le sugiero hacer una búsqueda, a modo de prueba.

Una de las fuentes que más encuentra en *Google* es el periódico *El Tiempo*, de Colombia. Devora un artículo del periodista Édgar Domínguez, autor del libro *Leidy Tabares, la niña que vendía rosas*, a quien conoce de las entrevistas que él le hizo en varias ocasiones.

QUIERO QUE OLVIDEN A LA VENDEDORA DE ROSAS[5]

Desde el día en que la detuvieron por su presunta participación en el homicidio de Óscar Galvis Osorio, Leidy Tabares, la protagonista de la película La vendedora de rosas, *habita un cuarto de 2 metros por 1,50, de paredes y baldosas blancas, con una cama de grueso colchón, un pequeño baño privado, una puerta de madera y una diminuta ventana empotrada en la parte alta del muro que da al exterior del penal.*

Por: Édgar DOMINGUEZ C.
Corresponsal de *EL TIEMPO*
7 de diciembre de 2002

Pasado mañana (lunes), la Fiscalía decidirá si le dicta medida de aseguramiento por el asesinato, cometido con arma blanca el pasado 16 de agosto en las inmediaciones del hospital mental de Bello.

Junto con Leidy fueron detenidos Édison Alberto Castañeda y un menor. Este último ya recuperó su libertad.

En el pabellón de mujeres de esta cárcel, en la que también viven 99 hombres, ella comparte su estadía con otras seis internas, que le han ayudado a soportar sus primeros días de reclusión.

---

[5] Periódico El Tiempo:
http://www.eltiempo.com/archivo/documento/MAM-1340391

—¿Cuándo se enteró de que la Fiscalía la involucró en la investigación por el homicidio de Oscar Galvis?

—El 26 de noviembre, cuando el CTI fue a mi casa y me preguntó cosas. Volvieron al otro día. Por mí fue mucha gente, entonces yo pregunté que por qué iban tantos y sacaron una disculpa, como para no decirme realmente que yo era dizque de alta peligrosidad.

—¿Por qué cree que está aquí?

—Por tonta, por creer en las personas, por confiada... No sé. Desde que mataron a Ferney (el padre de su hijo) mi vida ha sido mala, mala, mala, con todo el acento de la palabra, porque no sé manejar esta fama.

Cuando creo que estoy haciendo las cosas bien, resulta que lo estoy haciendo totalmente mal.

—¿Le jugó una mala pasada el hecho de ser famosa?

—Sí. La verdad es que en los primeros días andaba muy desesperada y gritaba que odiaba esta situación. Yo nunca anhelé ser famosa, nunca le pedí a Dios salir en la televisión, me desespera mucho tener que ser famosa.

—¿Por qué?

—Porque ser famosa no me ha traído muchas cosas buenas. Digamos que lo único bueno han sido las puertas que se me han abierto, la casa que me regalaron, haber tenido mi hijo y haber conocido al papá de mi hijo, pero de ahí para allá todo ha sido malo.

—Hay una versión periodística que dice que la persona que murió tenía que ver con el homicidio de Ferney.

—Eso es negativo (falso) en la totalidad. No entiendo por qué se metieron por ese lado, pero eso no es así para nada.

—¿Por qué está involucrada en este caso?

—Por un señalamiento; alguien dice que yo lo mandé (a matar). Dicen que nosotros le dijimos al que mandamos que le íbamos a pagar. ¿De dónde le voy a pagar yo?

—¿Y por qué cree que la señalan?
—Ni idea.

—¿Qué es lo que más extraña al estar privada de la libertad?
—A mi hijo. Tengo muchas cosas en la mente, pero él es
lo primordial.
Siento que le he fallado, porque lo que menos quiero en la
vida es que mi hijo crezca como yo, con una mamá y sin
un papá, pero lo que parece es que mi hijo va a crecer sin
mamá y sin papá (llanto).

—¿Cómo se siente ahora?
—Desesperada. Me provoca como salir volando, desapa-
recerme, borrarle la mente a todo el mundo para que se
olviden de *La vendedora de rosas* para siempre.

—¿Usted tiene una relación sentimental con Édison Castañeda (el otro detenido)?
—Sí. Bueno, yo ya no sé ni qué es realmente.

—¿Está enamorada de él?
—No. Yo solo he amado y amaré al papá de mi hijo, pero
Édison es una persona que llegó en un momento crítico de
mi vida, un momento de soledad.

—¿Qué cree que va a cambiar en su vida?
—Yo ya no puedo ser como antes. Eso de pensar primero
en los demás que en mí se va a acabar; se tiene que acabar.

Cuando estaba en prisión, *Lady* apenas se enteraba de cómo
era vista por la prensa y mucho menos de las opiniones a favor o
en contra que su caso generaba en el público, y cómo se maneja-
ba este mediáticamente. Ahora, le duele encontrar versiones no
contrastadas que la dejan sin palabras. Pero hay otras que agra-

dece, como la publicada en el periódico inglés *The Guardian*[6] en 2003, cuya versión en español publicó el periódico colombiano *El Tiempo*[7], en abril de 2004, y que ahora lee detenidamente.

From the toast of Cannes to murder in Colombia
John Carlin
Sun 14 Dec 2003

From the toast of Cannes to murder in Colombia

She made her name as the star of her own life story - a street child's tale of survival in the world's grimmest city. Now the movie heroine is fighting a 26-year jail sentence. John Carlin went to the barrios of Medellín to hear the remarkable, tragic story of Leidy Tabares

Acclaimed in Cannes, elected best actress at three other film festivals, an attractive 21-year-old Colombian woman is sitting next to me in my hotel room watching the film that made her name. Ordinarily, this might be regarded as a thrilling and unique experience. But it is much more than that. This movie star is a condemned murderer, recently sentenced to 26 years in jail.

The story of the film is powerful, but not as powerful as the story of the actress, who plays herself in real life. Her name is Leidy (pronounced 'Lady') Tabares. The film, released in 1998, is called The Rose Seller. It is about a young girl who lives in glue-sniffing squalor in the savage streets of Medellín, the murder capital of the world. Abandoned and hardened way beyond her 13 years, like the other street children who make up the cast of the film, she scrapes together the money to feed her habit by selling roses table to table in bars. That was precisely what Leidy was doing back in 1996 when the film's director spotted her, immediately identifying her as the girl he'd been looking for to play his tragic lead role.

When the video begins, Leidy, as if lulled by the familiar music, goes into a kind of trance, rocking gently back and forth, as if through the film she is reliving her own childhood. But a few scenes into the film she eases up. The Rose Seller is darkly atmospheric, but it has its moments of humour and warmth. (It helps too,

LA PRISIÓN DE LEIDY TABARES
11 de abril de 2004
Por: John Carlin

(…) No pasa un día sin que se acuerde de Ferney, sin que hable con él; incluso le escribe cartas para decirle lo mucho que le echa de menos y le quiere. Le escribió, sobre todo, durante los 10 meses que pasó en la cárcel, antes de que le concedieran la libertad provisional en septiembre para dar a luz a Julián y cuidar de él durante sus primeros seis

---

[6] Periódico The Guardian: From the toast of Cannes to murder in Colombia.
https://www.theguardian.com/world/2003/dec/14/colombia.film
[7] Periódico El Tiempo: LA PRISIÓN DE LAIDY TABARES
http://www.eltiempo.com/archivo/documento/MAM-1567051

meses de vida. Si el hombre víctima del asesinato que se le imputa hubiera tenido algo que ver con la muerte de Ferney, las acusaciones habrían sido más convincentes. Lo que resulta inverosímil, dice su abogado Gonzalo Parrado, es que la versión de los hechos que el juez decidió creer se basa en el plan de cinco personas de las que se supone que Leidy era la jefa para robar un taxi registrado en 1988. El valor del vehículo, afirma Parrado, es apenas 800 dólares, así que Leidy estaría poniendo en peligro toda su vida para obtener solo 150 dólares, más o menos. Esa es la primera gran contradicción del caso.

Por lo demás, como afirma Parrado en su recurso, las anomalías del testimonio de los únicos testigos, dos chicos de la calle que confesaron haber apuñalado al dueño del coche hasta matarle, son infinitas. La ley dice que, si hay alguna duda, hay que dictar en favor del acusado. En este caso, el juez encontró dudas y, por puras conjeturas, decidió que la acusada era culpable. En vez de servir para absolverla, la duda la condenó ¿por qué hizo eso el juez? Para dar ejemplo. Siempre llama a estos chicos de la calle los desechables. La sociedad les teme y les odia. Así que, ¿qué mejor forma de vengarse de ellos que castigar a la mujer que los simboliza, que con la película les devolvió su dignidad?

Parrado dice que Leidy, que es muy famosa entre los colombianos, es una especie de cruce entre O.J. Simpson y el típico negro de Luisiana al que, en la típica película sureña, ve por casualidad un testigo blanco cerca del lugar de un asesinato y, solo por eso, se le condena a morir en la horca. Le indico a Parrado que para ver injusticias grotescas no hace falta que mire muy lejos de casa. A la mañana siguiente de mi llegada a Medellín encendí el televisor y vi en directo, en las noticias, una extraordinaria ceremonia que señalaba la desmovilización de 800 guerrilleros paramilitares de derechas. Ahí estaban, entregando una cantidad ridícula de armas y obteniendo no solo la amnistía total por la matanza de Dios sabe cuántos inocentes, sino preparándose para recibir una formación pagada por el Estado antes de conseguir empleos pagados por el Estado. En ese caso no había ninguna duda razonable: eran todos flagrantes asesinos, y todos los que los veían por televisión lo sabían.

Leidy va a ir a la cárcel para pasar allí 26 años, y ellos están en libertad. Parrado ve ahí otra prueba de lo criminalmente absurdo que es el sistema de justicia de su país. Incluso en el caso de que las acusaciones contra Leidy fueran ciertas, le pregunto, ¿es apropiada una condena de 26 años? ¿Cree que Leidy es inocente? "Esa es una palabra muy seria. Lo único que puedo decir es que los argumentos en contra de ella son los más débiles que he visto en 11 años de trabajo con homicidios, y veo con optimismo la posibilidad de que el tribunal de apelaciones falle en su favor".

A Leidy la aterra que el veredicto sea en su contra. Su vida se balancea entre la salvación y la desesperación: o va a la cárcel, con lo que sus niños se quedarán sin padres, vivirán en peligro y, además, toda la vida con su madre, o sale en libertad, cosa que abre hermosos panoramas en su mente: "tal vez poner una floristería o, lo mejor de todo, irme al extranjero, estudiar ofertas que me han hecho de trabajar como actriz en España. Me gustaría llevar a mi madre a que viera el mar por primera vez. Quizá podríamos vivir junto al mar, porque mi experiencia es que el mar es mágico, trae calma. Podría cambiar a mi madre, hacer que fuera una persona menos amargada".

Podría ser. Tener algo de paz y tranquilidad, después de tanto tiempo. No es tanto tiempo, 21 años; pero Leidy ha vivido 21 vidas, a cada cual más trágica. Aunque, como dice, hay mucha gente que está peor. Empezando por su madre, o su hermana, la que vive con ella, que tiene 15 años y ya es prostituta. (…)

Los artículos que ahora *Lady* consulta en Internet la ayudan a rememorar aquellos primeros meses en prisión, pero a veces no puede dar crédito a que su nombre haya sido titular también en medios internacionales. Va haciendo clic en cada enlace que encuentra y se detiene en uno de la agencia española de noticias *EFE*, publicado por el periódico *El País*.

AGENCIA *EFE* [8]
MEDELLÍN, 12 de marzo de 2004

Leidy Tabares, protagonista de *La vendedora de rosas*, regresó el miércoles a prisión tras su permiso de maternidad, para cumplir su condena por el homicidio de un taxista, informaron fuentes judiciales. La joven actriz de la película de Víctor Gaviria reingresó en su celda de la cárcel El Buen Pastor, acompañada por su segundo hijo, Julián Esteban, de seis meses.

Su regreso a prisión se produjo ocho meses después de que un juzgado de Bello, localidad vecina a Medellín, en el noroeste de Colombia, le otorgara un permiso especial de maternidad. El Tribunal Superior de Medellín confirmó hace pocos meses la condena de 26 años de cárcel que debe cumplir la actriz.

---

[8] Periódico El País: Leidy Tabares regresa a prisión.
https://elpais.com/diario/2004/03/12/agenda/1079046005_850215.html

En las puertas del penal, amigos y familiares se abrazaron y lloraron, aunque aún se aguarda con esperanza el resultado de un recurso interpuesto en el Tribunal Superior de esa ciudad.

Un juez condenó a Tabares y a su compañero sentimental, Édison Castañeda, por la muerte del taxista Óscar Galvis, perpetrado el 16 de agosto de 2002 en Bello, en un supuesto intento de robo. Tabares, de 22 años, estuvo detenida en la misma prisión entre el 29 de noviembre de 2002 y julio de 2003, cuando fue beneficiada con la licencia de maternidad.

La tragedia de *La vendedora de rosas* se suma al asesinato, en distintos hechos, de otros cuatro protagonistas de la misma película en varias acciones en los últimos años. El más famoso, Geovanni Quiroz *El Zarco,* resultó muerto en 2002 en una calle de Medellín. En agosto de 2001, Ferney Ortega, el entonces compañero sentimental de Tabares y padre de su primer hijo, fue asesinado en su propia casa.

IV. El nacimiento de Julián

—*Juli, Juli…* ¡Arriba hijo! Dale, pues. Vaya y báñese —le dice al hijo menor, de 11 años, que se acerca en respuesta al llamado de su madre. *Lady* le da un beso en la frente, al tiempo que él la abraza por la cintura—. Dios le bendiga, hágale pues —le dice.

"El nacimiento de Julián en 2003, digamos que fue lo mejor que pudo haberle pasado a *Lady* durante el período de cárcel y esa etapa, pues, como tan dura. Julián fue el que me dio la fuerza para seguir. Porque él nace en el momento más crucial de toda esa etapa. Estaba recién como parada en una crisis emocional muy fuerte. Estaba débil emocionalmente, como que también me desequilibré y pensaba cosas realmente absurdas, como quitarme la vida y esas vainas, que lo intenté estando, pues, en el embarazo de *Juli*".

El rostro de *Lady* ahora se torna más suave, relajado por una sonrisa. Va hasta el mueble frente a la cama, busca una caja con fotos y me muestra algunas del bebé que solo pudo disfrutar unos meses antes de regresar a prisión.

"Nace Julián y es otro cuento, una fuerza desconocida. Algo que me obliga a pararme, que me da ese toque de alegría que me hacía falta".

Suena el móvil. Del otro lado de la línea está el cineasta Víctor Gaviria.

*"¿Quiubo pues, mi rey? Dios lo bendiga. Sí, hay que hacer la
vueltecita, porque no se sabe si por ahí le van a dar a uno la
liguita, y entonces..."*

Me comenta que Víctor está preguntándole si es posible que
nos encontremos los tres, ella, él y yo, mañana al mediodía, si es
que el Inpec la autoriza dos horitas más después de una cita de
rutina que tiene en las oficinas de ese organismo en Medellín.

*"En eso estoy —le responde Lady—. Bueno mi rey —sonríe
como quien escucha un elogio o un deseo del interlocutor—. Bueno, Dios lo bendiga. Chao. ¡Lo amo mucho! Padre,
Hijo y Espíritu Santo. Bueno, chao.*

Apaga el móvil y retoma el relato.

"Y estando aquí en casa ya, como a los quince días de haber
nacido Julián, me llaman del juzgado y me notifican que se me ha
condenado a 26 años de prisión. Fue lo peor, la verdad. Julián fue
una fuerza, sí, fue eso, pero no la suficiente. Tengo que recono-
cérmelo a mí misma que, aunque *Juli* me dio toda esa fortaleza, al
recibir una noticia como esta, sentí que toda mi vida se derrum-
bó. Ya, se desvaneció, porque ellos —los hijos— se pasaron doce
años sin mí mientras estaba en prisión".

Le sugiero que busquemos en Internet la entrevista que le hice
en prisión, en abril de 2004.

Lady se escucha a sí misma, y vuelven las lágrimas a sus ojos.
No lo puede evitar. Es un pasaje de su vida muy duro, un triste
recuerdo que la persigue desde entonces.

Once años antes

Gracias a las gestiones del sociólogo y comunicador colombiano José Fernando Londoño, estoy entrando a la cárcel *El Buen*

Pastor. Voy a encontrarme con *Lady* Tabares. Llevo en mis manos la carta del Instituto Nacional Penitenciario de Colombia. Llego y me están esperando. Me controlan todos los equipos, el bolso, accesorios personales. Los pasan por Rayos X y yo también soy requisado de arriba abajo, me invitan a cruzar a través de un detector de metales idéntico al de los aeropuertos.

Ya dentro, me escoltan por unos pasillos que dan a las oficinas administrativas de la prisión y me llevan a una habitación cuyo letrero en la puerta delata a quién tendré de primer interlocutor. Me recibe la directora, Doctora Jenny Morantes, quien amablemente me explica que allí, en su oficina, será mi encuentro con *Lady* Tabares. Lo que no me dice todavía es que ella estará presente durante toda la entrevista.

No es la primera vez que vivo una experiencia casi similar. En 1996, cuando trabajaba en Radio Rebelde, en Cuba, hice un reportaje en la Prisión de Mujeres de Occidente, conocida por el sobrenombre de Manto Negro. Pero allí sí me mostraron todas las instalaciones de la cárcel, incluidas las celdas. Y hablé con varias de las reclusas aparentemente sin el control de las mujeres centinelas, que sí estuvieron presentes, pero no manifestaron presión sobre las entrevistadas.

Pero este no es el caso. Aquí la máxima autoridad del centro penitenciario será testigo de lo que la reclusa *Lady* Tabares declare al medio extranjero que represento y que se interesa por su situación.

Tan pronto la directora da la orden a una de las guardias, en cuestión de dos o tres minutos se abre la puerta y entra *Lady*, cabizbaja, quizás preocupada por lo que pueda preguntarle. La directora me indica que puedo comenzar la entrevista.

Miro a los ojos de *Lady* y veo una tristeza como la de quien acaba de perder a un ser querido. Trato de romper el hielo y comienzo rememorando nuestro anterior encuentro, que transcurrió en su casa, en todo momento con su hijo Fernando José, de meses, sentado sobre sus piernas. No sé si recordará que en aquella oportunidad, en 2001, me dijo que su primer embarazo había sido sorpresa para ella. Me contó cómo tuvo que ir aprendiendo a amar al niño, a aceptarlo, porque era muy joven y no estaba preparada para la maternidad. Ahora, en medio de esta situación, recluida en prisión, ha tenido su segundo hijo. ¿De qué le sirvió esa experiencia inicial?

"Creo que durante el tiempo que tuve a mi primer niño, Fernando José, no fue fácil adaptarme. Es muy difícil para una adolescente ser madre. Y de primera vez, pues, enfrentar eso no es nada fácil y más cuando una tiene, digamos, tantos tropezones en la vida. Pero aprendí a quererlo fácilmente. Fernando José me enseñó muchas cosas y en especial ese sentido de amar. Y la llegada de Julián fue inesperada, pero ese niño me ha dado muchísimas alegrías. Es un apoyo muy grande para todo esto y yo lo quiero mucho. No ha sido tan difícil porque a él lo tengo desde que nació, sin separarme ni un segundo..."

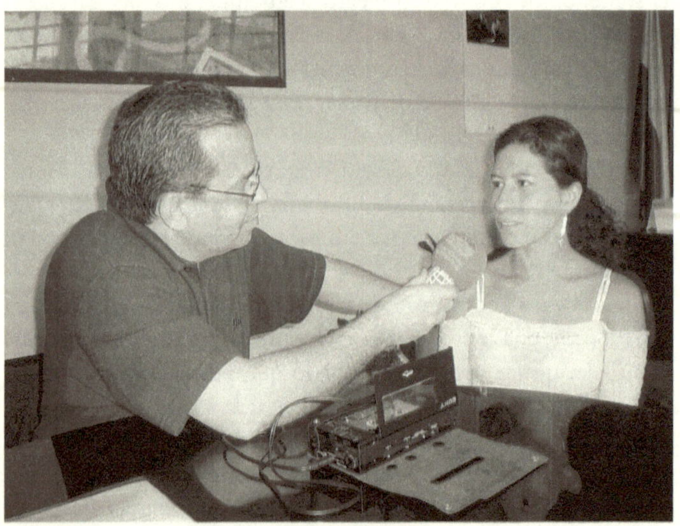

Entrevista con Lady *Tabares en la cárcel El Buen Pastor, de Medellín, abril de 2004.*

Julián nació en medio del proceso judicial. Me habla de cómo fue ese embarazo en la cárcel:

"Yo hice todo mi embarazo aquí. No fue fácil, porque lo pasé con muchos dolores. Y el médico me decía que todo era por el estrés. Pero afortunadamente me dieron la suspensión y me permitieron tener a mi niño afuera. Y no puedo decirte que fue fácil, porque estar afuera y pensar que tenías que regresar no era fácil. Pero el parto fue tranquilo, fue muy lindo; el niño nació por cesárea. No hubo ninguna complicación. Él nació súper sano y yo me sentí bien. Todo salió bien".

¿Cómo es la crianza de un niño en una cárcel colombiana? ¿Cómo transcurre la vida diaria de una madre-reclusa con su bebé en prisión?, le pregunto.

"Pues una trata de repartirse el tiempo. Aquí hay una guardería donde los niños pueden estar desde las 7:00 de la mañana hasta las 3:00 o 3:30 de la tarde. Mientras, yo trabajo y asisto a los cursos del ITM (Instituto Tecnológico Metropolitano). Y cuando logro estar con él, en muchas ocasiones lloro, porque me da mucha tristeza saber que lo tengo acá conmigo, pero es que me hace mucha falta. Tampoco soy capaz de dejarlo pues, con mamá. El niño en este lugar es un apoyo muy grande para una, al menos para mí. Porque no me deja deprimir, no me deja pensar; entonces no tengo tiempo para estar como cuando estaba embarazada, que lloraba mucho, pensaba todo el tiempo, a veces no comía. Para mí el niño es muy importante en este lugar..."

La cárcel *El Buen Pastor* tiene características especiales. Es un viejo convento convertido en prisión. De su vida diaria allí, *Lady* me cuenta con lujo de detalles:

"Desde las ocho de la mañana trabajo en el grupo ambiental reciclando productos, de 8:00 a 11:00 de la mañana, y de 13:30 a 16:30 estoy en unos cursos de belleza y el tiempo que me queda libre se lo dedico al niño. Con respecto a la cárcel, es cierto que hay otras más difíciles, pero yo pasé de San Quintín a esta, donde se siente mucho más la diferencia. Yo acá siento realmente que estoy en una cárcel. En San Quintín podía ver a mi mamá, día por medio, porque le quedaba más cerquita. Mi mamá pasaba, me veía, la podía llamar todo el tiempo y no era con tantas rejas, mientras que acá sí. Pero, bueno, una se mecaniza de que esto es así y lo debe afrontar así. Intento hacer la vida lo más amena posible, para que las cosas no sean tan difíciles".

¿Cuán difíciles son las relaciones de *Lady* Tabares con otras reclusas del penal? Sobre ella pesa el estereotipo del personaje de la película, al que asocian el mal y el bien indistintamente.

"No es fácil, no es fácil. Hay que tener en cuenta que en un patio donde hay más de cien personas es muy difícil llevarle el genio a cada una de ellas. Como todo en la vida, no le caes bien a una y le caes bien a la otra. Entonces, escasamente me hablo con ellas lo necesario pues, a lo mejor conocen o no conocen mi pasado y mi presente. A algunas no les gusto, a otras sí; otras me admiran, otras no; otras que lo toman por el lado de que soy muy creída. Pues yo ignoro eso, porque soy igual a todas en esta situación, no porque sea *La vendedora de rosas* tengo que ser mejor que otra o creerme más que otra. No, todo como muy nivelado".

Lady está metida en lo suyo, se ocupa de sus cosas, de lo que tenga que ver con ella y con su hijo, y escasamente con las compañeras de la mesa, que son cuatro.

"En lugares como estos, uno no debe llevarse ni mal ni bien con ninguna, porque no se va a ver bien. Una tiene que estar como al margen de las cosas. Una tiene que ser muy neutral acá".

Pero, con el personal carcelario, ¿son igual de neutrales sus relaciones?

"Yo realmente hablo lo necesario, o sea, cuando hay que pedirles un permiso para algo, cuando surge algún problema. Solo eso. Yo no entablo amistades con ellos porque pienso que tampoco para ellos está permitido".

Me refiero a la atención especializada, al trabajo educativo, escuchar a las reclusas, prestarles ayuda. ¿Has necesitado de ese tipo de apoyo?, le pregunto.

"Pues no, aunque uno lo busca. Acá hay psicóloga, trabajadora social. Está la directora, que también nos escucha. Solo acudo cuando siento que es un caso extremo. Por lo menos con la psicóloga no he hablado, aunque lo he querido, pero es porque, cuando mataron al papá de mi hijo, me pusieron psicólogo, pero no, no encontré la manera de pensar que sí le ayudan a uno. Yo a la psicóloga no la utilizo. Donde yo estoy ella va todos los viernes en la mañana y nos hace una dinámica, que me sirve de mucho. Con la trabajadora social he hablado lo que necesito, para el niño, los problemas con la familia. He hablado, pero todavía no bien como quisiera".

Dejamos por un momento la vida en el penal y vamos al mundo exterior: ¿Extraña *Lady* Tabares las rosas?

"Sí, sí, porque las rosas a mí me ayudaron mucho para el sostenimiento de la casa, de mis cosas, de lo que necesitara mi mamá. Las rosas me han llenado de muchas cosas buenas y sí, a veces las recuerdo. Pero trato de no pensar en esas cosas, porque me deprimen".

Durante los años previos a la entrada en la cárcel, tanto la película como aquellos capítulos que *Lady* grabó en la telenovela *La guerra de las rosas*, tuvieron éxito. La película, incluso, siguió proyectándose a escala internacional. ¿Llegó a enterarse? ¿Qué significó para *Lady* ese triunfo?

"De *La guerra de las rosas* supe que había gustado mucho en el exterior, que mi participación se había notado, y me gustó. Una no puede evitar que esas cosas la hagan sentir bien, porque es una muestra de que hace el trabajo bien, pero, hasta ahí. Simplemente me gustó, no me detuve a pensar si vendrían los trabajos a raíz de eso, o si no. Me llegó el comentario y lo dejé ahí. Sobre *La vendedora,* creo que me motivó más lo que he podido saber de ella. Sé que gané un premio como mejor actriz en Eslovaquia (Bratislava,

1999). Fue algo emocionante, pero me deprimió mucho porque me llegó la noticia estando en la cárcel. Es algo emocionante, pero no pasa de ser eso: algo emocionante".

Lady alcanzó la cumbre del éxito. Su trabajo fue reconocido no sólo en Colombia sino en todos los países donde se proyectó la película; siempre hubo comentarios buenos, una crítica excelente a la realización de Víctor Gaviria. Pero la nueva situación de *Lady* también ha repercutido en el mundo. Los principales periódicos hispanos y de otras lenguas han publicado reportajes sobre ella. En *El País Semanal,* de España, por ejemplo, hay todo un artículo dedicado a su penosa situación actual.

¿En qué ha fallado *Lady?* Si la película la sacó de ese estrato, de la situación decadente en que estaba junto a otros niños de la calle, y pudo escalar a una mejor situación social, que fue también cosecha suya, entonces ¿qué falló? ¿Le faltó apoyo de la familia, respaldo de las instituciones del país, apoyo psicológico o sociológico? ¿Qué no anduvo bien para que se encuentre ahora en este estado?

"Eso es algo que me pregunto a diario. Mi respuesta es, de pronto, la falta de oportunidades. Porque yo aproveché el éxito de *La vendedora…* para entablar la Corporación, la cual iba muy bien. Seguí estudiando, pero, una persona como yo, que ha crecido en ese mundo, no puede ser ajena a lo que sucede con los niños, con la gente de la calle. Entonces me dediqué, aunque con falta de oportunidades, a la Corporación, a los niños de la calle y a mi familia, a estudiar. Pero, desafortunadamente, para estudiar se necesita dinero y no pude seguir.

"Me dediqué de lleno pues a los niños de la calle. Es normal que la gente no vea lo bueno que uno hace. Digo eso por la persona que me metió en esto (se refiere a Chiquito, uno de los menores que cometió el homicidio). Fue alguien que ayudé mucho y no le guardo rencor, realmente no, porque a lo mejor en este momento se preguntará qué fue lo que hizo o por qué lo hizo. Porque sé que ningún motivo le di para que lo hiciera. Pero, las ganas las he tenido, siempre las he tenido y aún más cuando todo empezó a notarse, todas las palabras que me dijeron en tantos países, tantas cosas... Y lo más importante, y lo más triste, fueron las promesas de trabajo, que me ilusionaron, me llevaron a pensar cosas que no se realizaron. Creo que por eso estoy acá, pero no le echo la culpa a nadie, porque nadie es culpable de lo que le pasa a uno. Yo creo que son cosas de la vida, del destino a lo mejor. Esto es quizás para crecer más como persona, para pensar diferente, a lo mejor.

Insisto: ¿Tocaste puertas para buscar ayuda, para no caer en eso, y no se abrieron?

"Sí, después de *La guerra de las rosas* estuve en Bogotá como dos meses, estuve en RCN, en Caracol, en muchas partes, y sólo se quedó en eso, en promesas. En la reunión que hicimos en Bogotá para recaudar fondos para la Corporación, mucha gente nos quedó debiendo y como quedó debiendo, me sacaron de RCN, de Caracol, de muchas partes, y era evidente que no me aceptaban, que me rechazaban, y esas cosas duelen mucho. Soy una persona que tengo mi orgullo, no fui sola a esos lugares, fui con las otras compañeras de la película, las cuales hoy en día están mal porque también les pasó lo mismo.

"De pronto pensamos muy lejos, porque se nos dio esa oportunidad y creímos que podíamos seguir, pero, lo triste de todo es que la plata llama a la plata y nosotros, para ellos, no éramos personas para darles trabajo" —me dice.

"A lo mejor, ellos, como empresarios, necesitan personas de mayor reconocimiento, de mayor experiencia. Las cosas no se dieron. Nos volvimos para Medellín y nos dedicamos a la Corporación, pero, eso se quedó ahí. Las promesas se quedaron en eso y cada una empezó a hacer cosas que, a lo mejor, para los demás no estaban bien hechas. Algunas se han dedicado a la prostitución y me duele mucho. ¿Por qué, si fuimos reconocidas en tantas partes, por qué ellas tienen que estar en eso? ¿Por qué yo tengo que estar aquí? ¿Por qué tienen tantos hijos? ¿Por qué no pudimos seguir estudiando? Eso me duele, porque si de pronto las personas fueran como Víctor, que le da oportunidades a la gente de la calle, porque son personas que sienten, que quieren salir.

"La gente no nos da importancia, la gente nos ve como los malos de la sociedad, como los que dañan, como la mancha negra en la leche. Mas, no piensan que esa mancha la pueden cambiar".

Las preguntas y respuestas que se hace Lady a sí misma son cada vez más profundas, como si brotaran de la furia que la invade.

"¿Por qué matan tantos niños en la calle? Porque toman alcohol, porque roban... Pero no se detienen a preguntar por qué lo hacen, sino que se dedican a juzgarnos y a acabar con ellos en vez de darles las oportunidades de ser personas, de ser gente de bien, que lucha; porque entre ese mundo hay gente que quiere salir de ahí y que uno, dándoles la oportunidad, ellos demuestran muchas cosas que a lo mejor mucha gente desconoce. Porque son mendigos, porque la gente les da plata, ellos nunca van a salir de ser mendigos, porque siempre la gente les va a dar plata, en vez de darles la oportunidad de hacer algo. Le echo la culpa a eso, a la falta de oportunidades, a la falta de apoyo, de confianza, de seguridad de los que pueden hacer".

Lady vuelve a ser rotunda, pero, buscando quizás las palabras con las cuales suavizar su mensaje, mas este no deja de ser sincero.

"A lo mejor, este país no tiene mucha plata, o sí la tiene, no me interesa, pero, sí hay gente capaz de hacer cosas, solo que algunos no quieren, no les importa, son ajenos a lo que pasa allá afuera. Día tras día hay más gente en la calle, más delincuentes, más ladrones, por eso se van para las guerrillas, porque son rechazados. Nosotros crecemos con un resentimiento, una rabia contra la sociedad y la única manera de expresarlo es eso, la gente que se hace tatuajes. Para mí tener tatuajes es como una expresión de rabia y de rechazo a la sociedad que tenemos. La gente que se va a la guerrilla es gente que está dolida, que por una u otra razón tienen rabia".

Un receso en la conversación es casi forzado con la llegada de un tintico, el café colombiano que por su olor no deja a nadie indiferente.

Escuche o descargue utilizando la aplicación QR en su smartphone el programa Voces con la entrevista en la que Lady *Tabares hace las declaraciones transcritas anteriormente.*

V. La fama entre rejas

Estamos a mitad del encuentro cara a cara. La entrevista se torna profunda, quizás más extensa de lo que pensó la directora del penal El Buen Pastor. La joven colombiana que trabajó como actriz bajo las órdenes del cineasta Víctor Gaviria, ahora en su condición de reclusa, cruza una mirada con la capitana, como buscando el consentimiento para seguir. Supongo que le incomoda hablar ante un testigo que puede resultarle intimidante, aun cuando lo que me cuente será de dominio público. Pero, al final, *Lady* parece no tener pelos en la lengua.

Quizás es el momento para que la joven actriz me hable sobre cómo convierte la rabia y el dolor en algo que pueda engendrar la esperanza y le permita rehacer su vida, si es que puede.

"¿Mi esperanza? Que la gente con más posibilidades se fije más en la que hay abajo, que está en las calles, que está pidiendo, que está sufriendo, la gente que está muriendo. Que se dé una oportunidad a esas personas y la vida que llevamos pueda mermar o pueda terminar, porque todas esas personas son de mucho valor, gente que le puede dar mucho a la sociedad".

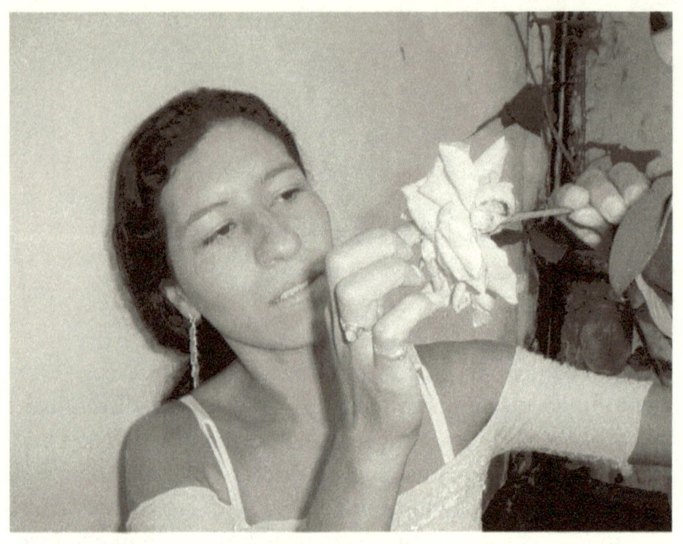

Lady *Tabares en el jardín de la prisión El Buen Pastor, abril de 2004.*

"¿Rehacer mi vida? Claro. La vida no se acaba aquí, ni con esto. La vida tiene que seguir, como dicen en el patio *'esto no lo escrituraron a nadie'* y así sea dentro de diez, dentro de quince, dentro de siete años, o lo que sea, cuando salga será un motivo para seguir con los proyectos que uno tiene. Por muy difícil que sea la situación, una no puede dejar que esto le acabe con las ideas, ni con los sueños. Aunque hay momentos en que se siente ya totalmente caída, que dice *'esto ya acabó aquí, ya no hay más nada que hacer, aquí nos morimos'*, pero, como nosotros decimos, *'lo último que se pierde es la esperanza'* y hay un dicho que también tenemos que es *'Dios aprieta, pero no ahorca'*, ¿no es cierto?

Quizás *Lady* no nació para ser famosa. Lanzo el comentario, sabiendo que genera la duda. Más ella tiene las cosas claras.

"Yo no nací para ser famosa. Y, como te dije anteriormente, esto debe ser algo malo para algo bueno después, quizás mejor que todo esto de la fama, porque a lo mejor, yo no nací para ser famosa; pienso que no sé manejar esto de la fama, no nací para eso. ¿Por qué? Porque la fama arrasa con tu vida, con tu privacidad. Cuando eres una persona común y corriente, se puede trabajar, y ser feliz ¿no es cierto? Mientras que a mí la fama solo me ha dado tristezas y más tristezas. Digamos que lo único bueno que me ha dado son mis hijos y la casa que tengo para mi mamá. Del resto todo ha sido malo, porque donde yo he vivido totalmente feliz ha sido en todos los viajes que tuve, porque la gente me respetó, me quiso, me alzó, me hicieron sentir como lo que yo era: una persona de mucho valor, que aquí escasamente ven eso en las personas".

Según me cuenta, al regresar de esos lugares, *Lady* volvió a ser la misma, todos la veían igual y se olvidaron de esa persona que en algún momento hizo algo bueno.

"Porque si uno hace algo bueno, no es que uno espere, pero una persona como yo sí espera eso, ver mi vida con más alegría, ver a mi mamá más feliz. Con esta fama mi mamá se ha vuelto más enferma, llora más, mi hermana en vez de subir ha bajado. Se supone que la fama es algo bueno, que debe cambiarle la vida para bien a las personas. Y yo ahora soy más infeliz que cuando no era famosa".

¿Qué hubiera sido de tu vida si Víctor Gaviria no te descubre, no te lleva a la pantalla grande? ¿Crees que hubieras terminado como tus amigos, la mayoría muertos?

"A lo mejor no. Porque el destino se lo hace uno. El destino es algo diario, pero uno lo puede ir organizando. Yo mis ideas las tenía muy claras, hubiera podido seguir estudiando, quizás; hubiera logrado mis cosas, no sería famosa, pero a lo mejor sería feliz, tendría mi familia unida. De pronto, el papá de mi hijo no estaría muerto, a lo mejor no estaría separada de mis hijos. Sé que diariamente tendría que trabajar para comer, pero sería feliz porque estaría con ellos.

"Mas, no rechazo lo de la fama —me aclara, como para no generar dudas en torno a lo que esta ha representado—. A mí

Víctor me ha dado una felicidad muy grande porque el hecho de que me encontrara, de que me eligiera, para mí es lo máximo porque, a lo mejor, no supe manejar la fama, pero haber hecho la película me hizo muy feliz".

En cuanto al mal manejo, o incapacidad para lidiar con la fama, vuelve a decir, al parecer para sí misma:

"Uno no puede echarle la culpa a nada, pero así lo siento, por la fama soy infeliz, soy soltera con hijos, con una madre muy enferma, a la que no puedo cuidar, ella viene cada ocho días y se me queja de que le duele una cosa, ya no camina bien, la veo fatigada, cansada; mi hermana no la trata bien, no la cuida, mientras que yo estoy aquí, esperando a que algún día esto se resuelva, sin saber si mis hijos el día de mañana me van a querer, si se van a sentir orgullosos de mí algún día.

"Por lo menos Fernando José, en repetidas ocasiones me ha dicho que no me quiere, no quiere venir a verme y tiene apenas cuatro años, ¡¿cómo será cuando tenga siete?! No me dirá mamá, son cosas que me destruyen, que me hacen sentir como me decía la fiscal *una lacra de la sociedad*, *cosas como tú no pueden estar allá fuera*; entonces ¡qué más puedo pensar!"

Lady me mira fijamente a los ojos, como intentando que la comprenda o quizás buscando aprobación.

"Cuando llegué acá no me querían, porque, según decían, presumía de ser muy importante, cosa que nunca he querido, porque me lo pregunto a diario, ¿por qué a mí? A lo mejor tiene cosas buenas, pero, llega un momento en que una se cansa. Cuando estaba embarazada quise acabar aquí con todo esto, pero, Julián se movió muy fuerte y evitó, a lo mejor, lo que hoy en día hubiera podido acabar del todo con mi mamá.

"Pero, pienso, si José no me quiere, si mi mamá está enferma, si algún día se muere y no voy a estar allá, a lo mejor Julián cuando crezca me dice las mismas cosas, o quizás me quiera más; cosas tan inciertas que uno no puede adivinar, simplemente tiene que esperar a que lleguen. De todo esto lo único que me duele es mi madre y mis hijos. Si yo estuviese sola enfrentaría esto más fácil porque sabría que nadie afuera está sufriendo por mí".

Busca la fuerza en ellos —le digo— y piensa que tienes mucho que hacer por ellos. Esa puede ser la mejor terapia para ti dentro del penal.

"Sí, pero no es fácil saber que mamá está tan enferma. Es por culpa mía. ¿Por qué por mi culpa? Porque soy yo la que está aquí, soy yo la que la angustio. Pensando si estoy bien, si he comido, cómo me ha ido. Para mí no es fácil, porque todo lo que he hecho en la vida es por tener bien a mi mamá y a mi familia, me cansé de ver cómo trataban a mi mamá, cómo la mandaban a dormir a la calle porque no tenía para pagar la pieza. Me cansé de todas esas cosas y por eso decidí trabajar yo sola, por mi propia cuenta, y por trabajar y hacer lo que he querido, vea donde estoy. Sí, le he dado una casa a mi mamá, gracias a Dios y a Caracol, pero mi mamá no es la misma, no es la misma mujer que yo conocí. Es una mujer llena de resentimientos, de tristezas, de enfermedades, de dolores. Su mirada ya no es la misma. Yo quería cambiarle todo eso y se lo he empeorado, y no sé cuándo pueda lograrlo. Ellos son mi apoyo aquí. Lo son, para mí, ¿pero a ellos, ¿quién les apoya? Yo, que estoy acá, encerrada, a lo mejor insegura de un destino, de unos sueños, de una lucha, no sé quién cuida a mi mamá allá cuando está enferma, no sé quién le lleva una pastilla, quién le hace los masajes, no sé. Porque sé que nadie se los hace".

Le comento, entonces, si lo que toca no es luchar, esforzarse para devolverles a las personas que más quiere lo que han perdido.

"Es lo que hacemos aquí diariamente todas las casi setecientas reclusas, luchamos con esto, con el encierro, con todo el régimen que se impone acá. Pero, yo me pregunto cómo luchar si tu vida está en manos de otra persona que es igual a ti. Si fuera Dios, si uno supiera que Dios está allá y él es el que va a decidir. Él está siempre, siempre, pero, antes que nada, está primero la decisión de esa persona ¿no es cierto?, la cual me hizo creer en algún momento que yo iba a salir libre. Digo que me hizo creer porque el juez que nos condenó, nos dijo en algún momento que no tenía pruebas para condenarme y a los quince días me llama y me dice que estoy condenada a veintiséis años".

Su discurso es cada vez más coherente. La imagino por un momento defendiéndose a sí misma ante el tribunal que la juzgó.

"¿Por qué eso? ¿Por qué jugar con la integridad de una persona? ¿Por qué jugar con su vida? Porque yo no tengo nada que ocultar, entonces siempre abrigué la esperanza de una libertad. Es muy difícil pensar que estoy aquí mientras otra persona está decidiendo mi destino, mi vida, la vida de mis hijos, de mi mamá; la vida de todas las que estamos acá, porque no soy la única que está acá con hijos. Allá en el patio hay muchas mujeres, jóvenes, muy jóvenes, de 20, de 22 años en adelante que tienen dos, tres hijos y solo lloran por eso, y sufren por eso, porque no saben qué va a ser de ellos, si ellas se quedan acá. Si los van a cuidar bien, si los van a tratar bien, si van a ser bien educados, si las querrán algún día o vivirán reprochándoles el motivo por el cual están acá. Yo con ellas hablo mucho de eso, hay una que se mantiene muy deprimida, y trato de darle ánimos, y ella me dice que yo debería haber sido psicóloga, pero, es porque uno trata de entender la situación. Esto no se lo escrituraron a nadie, pero tampoco es justo que, sean inocentes o culpables, estén separadas de sus familias, que es lo más importante para uno como persona. A lo mejor esto tiene que traer algo bueno algún día. Uno puede hacer amistades y todo lo que sea afuera. Aquí no se puede, aquí cada una va con su cruz y todo el tiempo sonriendo, mientras por dentro lleva esa procesión que la destroza. No es fácil, pensar en todo eso. Escasamente sobrevivimos".

Lady cree tener la razón sobre lo que cuestiona y por la vehemencia con que habla, de pronto parece envalentonada.

"Lo que dijiste, que, si de pronto Víctor no me hubiera sacado, no me hubiera mostrado, si no hubiera corrido la misma suerte de los demás… A lo mejor, pero los demás murieron porque quisieron. Sí, porque pudieron haber escogido otra vida, si sabían que había enemigos, marcharse a otro lugar, trabajar, buscar oportunidades, pero el éxito los volvió más agresivos, con un nivel de superioridad que los hizo que se destruyeran. Faltaban oportunidades también, pero es que uno puede hacer las cosas y quizás yo me equivoqué con haberme llevado esa persona a mi casa (se refiere a su novio, Édison Castañeda, el padre de su segundo hijo), me equivoqué, pero mi intención no era equivocarme. Mi intención era ayudarle y sacarlo de donde estaba, y a lo mejor esto tiene que traer algo bueno algún día. Uno trata de no hacérselo tan difícil, pero igual lo es".

Cambiamos de tema y nos vamos a la cotidianidad de *Lady* en la prisión y a cómo trata de evitar el tedio y la rutina. Me cuenta de los cursos que imparte el Instituto Tecnológico Metropolitano, que asegura le gustan mucho.

"Yo me metí en uno que es de belleza. Ahí dan gestión empresarial, contabilidad, cosas muy importantes, que pueden servirle a uno aquí adentro o allí afuera. Por lo menos eso te crea una esperanza, aprender todas esas cosas.

"Ayer hablábamos con la profesora y ella nos daba muchas esperanzas de que 'esto les va a servir cuando monten su empresa afuera'. Una le dijo que quería ser destilera, otra peluquera. Sueños que tiene cada una y que por esta situación los ve opacados, pero, en el momento se llena de esa alegría y empieza a ver ese sueño realizado y yo creo que eso ya es algo muy grande, porque a pesar de la reja, lo está viendo realizado. Uno tiene que tratar de no ver las cosas tan grises. Por lo menos, si Dios quiere, mañana viene mamá. Me dijo que como fuera me iba a traer a José y eso me tiene contenta, porque abrigo la esperanza de que José sí quiera venir. Que mamá venga es algo muy fuerte, que la anima a una, aunque no nos gusta. Digo no nos gusta porque eso lo hablamos todas. Se habla en todo el patio: hacerlas venir cada ocho días, todo el proceso de la entrada, de la salida, de la fila. Como mi mamá puede haber muchas madres y muchos familiares que están cansados, que están enfermos, pero ellos no hacen embargo, son perseverantes y siguen viniendo, traen lo que una necesite".

Aprovecho ese tono esperanzado de sus palabras para recordarle cómo en la anterior entrevista en su casa, en Bello, al final le di la sorpresa y le regalé unas rosas.

"Sí, claro, y harto que me duraron, como cinco días. Sí, lo recuerdo".

—Es que me habías dicho que jamás te habían regalado rosas, que siempre, toda una vida vendiéndolas, pero que nadie te había obsequiado rosas.

"Sí, es la verdad, nunca me habían dado rosas".

Le digo que en esta visita para la entrevista pensé si traerle nuevamente rosas, o algo que pudiera serle más necesario en la cárcel, y que me decidí por lo segundo y le traje algunas vituallas.

"Muchas gracias, pero, para mí, pienso que el mejor regalo es que ustedes todavía se interesen por mí y les interese saber qué puede pasar conmigo. Eso es lo mejor. Muchas gracias y mucha suerte".

—Suerte para ti, que la vas a necesitar mucho —le deseo, con una sonrisa.

"Y la voy a tener con seguridad— me dice. Uno nunca debe desprenderse del de arriba. Él es el que decide todo lo de nosotros".

Adiós y que pronto podamos vernos, pero no aquí, sino en la calle —le aclaro.

"Claro, nos veremos en la calle, por supuesto".

Escuche o descargue utilizando la aplicación QR en su smartphone el programa Voces con la entrevista en la que Lady Tabares hace las declaraciones transcritas anteriormente.

VI. Ratificación de condena

Durante el embarazo de Julián, a *Lady* le concedieron una licencia de maternidad para que pudiera tener a su hijo fuera de la cárcel. En el momento en que eso sucedió se encontraba en prisión preventiva, esperando la decisión del tribunal, con el juicio visto para sentencia.

El 9 de octubre de 2003, *Lady* recibió una llamada del juzgado en la que le comunicaron la condena de 26 años impuesta por el juez segundo del circuito de Bello, quien la halló culpable de hurto y homicidio agravado. Al rato, su casa se llenó de periodistas. En la terraza se improvisó una conferencia de prensa en la que estuvo, entre otros periodistas, el corresponsal de la agencia de noticias AP[9], de cuya versión de lo tratado allí nos hacíamos eco en *Radio Nederland*.

"Muy triste. Es algo muy difícil. No entiendo por qué fallaron en contra. Para mí es muy difícil que me estén involucrando en esta situación, solo por hacer lo que siempre he hecho, que es trabajar con la gente de la calle", decía Lady, en el video difundido por AP.

Con lágrimas en los ojos, la joven actriz se mostró esperanzada en la justicia: "Sí, yo confío en que todo salga mejor. Pues confío mucho en Dios, en el abogado que tengo. Yo espero que todo salga bien y que se demuestre lo contrario".

---

[9] AP Archive: Entertainment: Colombian Star Jailed. Film star Lady Tabares jailed for 26 years.

http://www.aparchive.com/metadata/view/cb237a21c1bc2288806cb6df346ffc6e

Otros medios también publicaron la noticia. El fallo del juicio contra *Lady* Tabares rebotó en todos los rincones donde ya era conocida como *La vendedora de rosas*.

El Universal de México
Viernes 10 de octubre de 2003
Sorprendida Leidy Tabares con condena

La actriz de "La vendedora de rosas" deberá purgar 26 años de prisión por homicidio

Bogotá (Notimex). La actriz colombiana Leidy Tabares, protagonista de la película *La vendedora de rosas*, rechazó la condena a 26 años de prisión que se le impuso por homicidio y expresó preocupación por el futuro de sus hijos.

En declaraciones a *Radio Caracol*, la joven actriz dijo que esperaba un resultado diferente del juicio y reconoció que al conocer el dictamen en su contra lloró mucho, pues aseguró: "Soy totalmente inocente".

"Yo no sé qué pensar (...) lo único que he pensado es qué va a pasar con mis hijos, porque en las audiencias que tuve todo se veía muy a favor", dijo Tabares, condenada por la muerte del taxista Óscar Galvis y el robo de su auto.

La actriz colombiana tuvo un segundo bebé hace un mes, por lo cual las autoridades le otorgaron el beneficio de arresto domiciliario, pero en un máximo de dos meses deberá regresar a prisión.

Tabares, acusada de los delitos de homicidio agravado y hurto calificado agravado, dijo que había soñado en poder estar al lado de sus hijos, pues su mamá "está muy enferma para cuidarlos".

Además de Tabares, también enfrentó la misma pena el compañero sentimental y padre del segundo hijo de la actriz, Édison Alberto Castañeda, quien compareció junto a ella ante un tribunal de la localidad de Bello, departamento de Antioquia.

Conocida por la película *La vendedora de rosas*, Tabares fue sacada de los bajos fondos de la ciudad de Medellín por el director Víctor Gaviria, quien utilizó actores naturales para el filme.

La cinta mostró la vida de los niños pobres de algunos barrios de la capital del departamento de Antioquia, que afrontan problemas de pobreza, droga, delincuencia y falta de educación.

Muchos de los compañeros de Tabares, que participaron en la producción cinematográfica, murieron en circunstancias similares a las que relata la película.

A pesar de que el proceso estuvo plagado de contradicciones, y de que la sentencia fue apelada, el Juzgado Segundo Penal del Circuito del municipio de Bello la halló culpable y ratificó su condena: 26 años de prisión, a la que se sumó una multa por perjuicios materiales.

Lady Tabares cumplía su condena acompañada por su segundo hijo, Julián Esteban, un bebé de ocho meses, mientras aguardaba esperanzada el resultado de un recurso interpuesto por su defensa, que finalmente fue rechazado dos días después, por la Sala Penal de la Corte.

En Colombia, los cintillos de los titulares de periódicos tenían esta vez letras muy grandes y la noticia bien ampliada.

Por: Redacción EL TIEMPO
10 de abril de 2008

Confirman pena de 26 años de cárcel a Leydi Tabares, la vendedora de rosas[10]

La Corte Suprema confirmó la condena impuesta por el Juzgado Segundo Penal del Circuito de Medellín, por los delitos de homicidio y hurto agravado.

Continuará recluida en la cárcel El Buen Pastor de Medellín, donde permanece desde el 29 de noviembre del 2002.

El caso que tiene a Leydi viviendo un drama comparable al de la película es el asesinato del comerciante Óscar Jesús Galvis Osorio, de 44 años. (…)

Inicialmente, la joven estuvo recluida en San Quintín, en la misma población, y luego fue trasladada al Buen Pastor. Allí, en el 2004, se hizo madre por segunda vez. El nacimiento de su hijo le permitió estar en libertad unas semanas, y a su regreso volvió con su pequeño, quien la acompañó en la condena durante sus primeros tres años.

En sus días en el reclusorio, según ha contado la vendedora de rosas, se ha dedicado a estudiar y en algunas ocasiones a escribir lo que le pasa por la mente, lo que vive, lo que siente y la esperanza de que esta pesadilla algún día termine.

---

[10] Periódico El Tiempo:
http://www.eltiempo.com/archivo/documento/CMS-4091260

Leydi, quien desde un principio insistió en su inocencia, tenía la esperanza de recuperar la libertad.

Su defensa había interpuesto un recurso de casación ante el Tribunal Superior de Medellín, el cual ayer fue rechazado por la Sala Penal de la Corte.

La historia de Leydi Tabares conmovió desde que saltó al estrellato por reflejar las duras condiciones que se vivían en las comunas de Medellín.

El papel en *La vendedora de rosas* le permitió participar en festivales de cine y entrega de premios, pero nunca, como otros actores naturales que participaron en la película del director Víctor Gaviria, pudo superar sus problemas.

Ahora, solo le resta lograr una reducción de condena a través del buen comportamiento y estudio en su centro de reclusión.

el Periódico, de Aragón
DESTINO TRÁGICO

***La vendedora de rosas*, a prisión por homicidio**[11]

Colombia ratifica la pena de 26 años contra la actriz que mató a un taxista.

MAURICIO BERNAL 15/04/2008
Leidy Tabares tenía 16 años cuando Víctor Gaviria se presentó en Medellín con la propuesta de que protagonizara su

---

[11] http://www.elperiodicodearagon.com/noticias/sociedad/la-vendedora-rosas-prision-homicidio_402141.html

siguiente película, *La vendedora de rosas*. Su vida había sido hasta entonces un largo rosario de tribulaciones típico de la que en esa época —finales de los 90— pasaba por ser una de las ciudades más violentas. La aparición del cineasta colombiano le permitió dejar por un tiempo las miserias de la calle y deleitarse con las mieles de la fama, incluso desfilar como una estrella más por la alfombra roja del Festival de Cannes. Pero solo por un tiempo. El Tribunal Supremo de Colombia acaba de ratificar la sentencia que a mediados del 2003 la condenó a 26 años de prisión por asesinar a un taxista.

Tabares fue detenida en noviembre del 2002 y desde entonces ha estado en la cárcel, a excepción de un intervalo de ocho meses para dar a luz y cuidar de su segundo hijo. El tribunal considera probado que la actriz de 26 años urdió junto a su novio un plan para secuestrar a un taxista en Medellín, robarle el coche y asesinarlo. Para llevarlo a cabo contrataron a dos delincuentes, *Sergio Grande* y *Sergio Chiquito*, que se ocuparon de todo.

Muy pocas veces los medios de comunicación acceden a los centros penitenciarios en Colombia. En el caso de *Lady* Tabares, el Inpec hizo varias excepciones, dos de las cuales rememoro con ella.

5 de noviembre de 2013
Cárcel El Pedregal

PROGRAMA LA RED, DE CARACOL TV

LADY TABARES: Mira, ha habido tantos momentos de angustia que hasta por mi mente ha pasado la idea de suicidarme.

REPORTERA GYNNA ARIZA: Angustia que se incrementa con su mal estado de salud.

LADY: Yo ando otra vez sufriendo con el problema de las hemorroides después que fui operada hace dos años… En la cuestión de los senos, hace aproximadamente dos meses tuve la oportunidad de salir a remisión y el doctor dijo que necesitaba hacerme una mamografía. Existe la posibilidad de que sean benignos o malignos o que simplemente sea algo que no tiene importancia. No he podido lograr que me vea un médico realmente para diagnosticarme que es lo que tengo. Simplemente por haber sido operada y haber presentado incapacidad me quitaron de la escuela. Estaba ya en octavo.

REPORTERA: El director nacional del Inpec, general Gustavo Adolfo Ricaurte, nos habló sobre la situación de Lady en la cárcel:

DIRECTOR DEL INPEC: Es el sistema contributivo EPS (Empresa Promotora de Salud) del que depende que le preste los servicios médicos porque ella está pagando un sistema de salud. Ahí la remitirán al médico especialista para mirar el problema de los vértigos y su descompensación de salud, o sea, un chequeo general para verificar su estado de salud psíquico y físico, y obviamente lo que más nos tiene hoy en día con afanes y que hay que practicarla lo antes posible es la ecografía de mama… para que un médico experto determine si ella tiene un cáncer de mama o no lo tiene. Lo que hay es que llamar la atención de la directiva del centro carcelario para que miren el comportamiento, y le permitan estudiar y trabajar para que pueda recuperar prontamente su libertad.

REPORTERA: Lady asegura también que otro de los beneficios que perdió fue el de poder trabajar para obtener beneficios de rebajas en su sentencia.

LADY: Yo tenía año y medio más o menos de descontar en el patio haciendo el aseo, pero por un informe de una dragoneante[12] a mí me quitaron el descuento. Y les he manifestado que de alguna manera yo lo necesito.

REPORTERA: Pero ¿qué razones tendría el Inpec para tomar esta decisión?

DIRECTOR DEL INPEC: Lady es una persona, digamos, diferente a las otras internas. Acuérdense que ella viene de gozar una popularidad importante. Le han levantado algunas investigaciones disciplinarias por su comportamiento. Esto hace que muchas veces le suspendan las visitas, le suspendan las formas de redimir o de trabajar, etcétera.

REPORTERA: Pero, aunque su realidad hoy es dura afirma que la de sus compañeros de reparto de la película es mucho peor, nueve de ellos fueron asesinados.

LADY: Ninguno pudo avanzar, digamos que entre comillas la que más pude avanzar fui yo y mire donde estoy.

REPORTERA: En nuestra segunda entrega, Lady declara:

LADY: No soy bisexual. No me gustan los hombres.

---

[12] Oficial de prisión egresado del curso de formación de la Escuela Penitenciaria Nacional que ejerce funciones de base, seguridad, resocialización, disciplina y orden en los establecimientos penitenciarios y carcelarios en Colombia.

Ese fue el momento en que *Lady* reveló públicamente su verdadera orientación sexual. En la cárcel reconoció que le gustan las mujeres.

Lady *lee un mensaje que recibió de una amiga que organiza la recaudación de fondos para comprar avituallamiento para sus compañeras que siguen en prisión.*

En diálogo con el periódico *El Tiempo* también lo dejó claro, el 10 de abril de 2014[13]: "Pienso que uno de los motivos por los cuales llegué a estos lugares fue de pronto por no aceptarme como tal. Esa fue una parte que tuve que encontrar, aceptar y querer".

Mas, mi interés por su experiencia de vida no tiene que ver con su preferencia sexual, aunque en lo adelante aparezca alguna que otra mención, cuando venga a cuento.

---

[13] Lady Tabares, 'la vendedora de rosas', habló sobre su vida en la TV | Periódico El Tiempo, 10 de mayo de 2014:
http://www.eltiempo.com/archivo/documento/CMS-13815798

VII. Comunicando con Lady

Es mayo de 2015 y en el repaso de los acontecimientos vividos por *Lady* desde 1998 centro la atención en los problemas que enfrentó en la cárcel.

—¡Ay, Pedregal! —suspira hondamente, como si pronunciar el nombre de la última prisión en la que estuvo le quitara parte del aire que respira.

"Yo creo que toda esa etapa de mi vida, la de la cárcel, aún es muy vigente, pues sigo como ligada a eso, por las personas que conocí, que allá se quedaron y que seguimos en contacto y no puedo, pues, como dejar…

Saco el móvil de mi portafolio. Voy a los archivos de sonido y echo a andar una grabación del 29 de abril de 2011:

(TIMBRE DE TELÉFONO)

Este es el servicio de recepción de llamadas de las internas de San Cristóbal (cárcel El Pedregal). Marque el número de la interna con la que desea comunicarse.
Estamos comunicando con Lady María Tabares.
Si desea esperar a que responda marque 1. De lo contrario será enviado a correo de voz.

(MÚSICA INCIDENTAL DE ESPERA)

—¡Aló!
—¡Hola, buenos días!
—¡Buenos días!
—¿Cómo estás, Lady?
—¡Bien!, gracias a Dios, dentro de lo que cabe. ¿Y a usted cómo le va?
—Muy bien. ¿Sabes quién te habla?
—Carlos.
—Sí, Juan Carlos.
—Juan Carlos qué… ¿Roque?
—Exactamente. Te llamo desde el programa Voces, de *Radio Nederland*.
—Vale. ¡Qué sorpresa!
—¿Cómo estás tú?
—Bien, como le decía, dentro de lo que cabe, porque acá no ha sido fácil. Pero estoy bien, gracias al Señor.
—¡Qué bueno!
—Gracias por tomarse la molestia.

Pongo pausa y le comento que esa entrevista fue posible gracias a una persona muy importante en esa etapa de su vida, a quien llamaremos *Elena* y que por ese entonces mantenía con ella una relación sentimental que duró cuatro años.

Elena me escribió a *Radio Nederland* para hacerme llegar un recado de *Lady*, que quería denunciar algunas irregularidades del régimen penitenciario al que estaba sometida. También, en otro mensaje de correo electrónico, me envió unas fotos que había tomado cuando *Lady* estuvo hospitalizada y que luego publiqué en la página web de la emisora y en mi blog *El arte de hacer radio*.

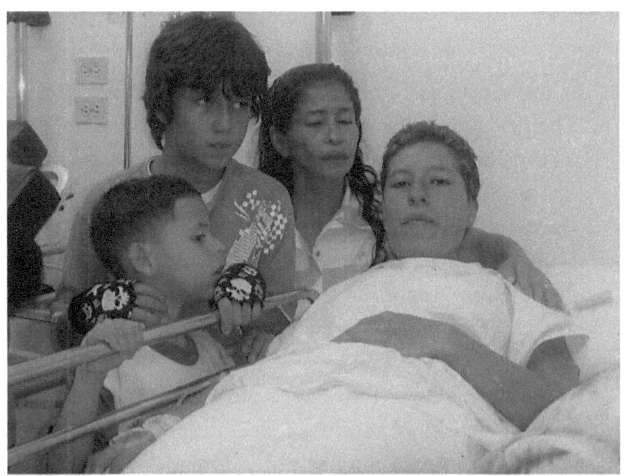

*Lady en el hospital tras la operación de hemorroides,
en compañía de su mamá María Magdalena y sus hijos
Fernando José Ortega y Julián Esteban. Foto: Elena.*

Luego, nunca más supe de *Elena*, quien siempre quiso permanecer en el anonimato. Conoció a *Lady* en el penal, a donde acudía a visitar a su hermana presa. Llegó a ser gran amiga de ella en esa última etapa en prisión y luego su pareja. Se dice que esta mujer le fue siempre incondicional a Lady, que lideró una encarnizada campaña por su libertad y le posibilitó el contacto con el padre Rodrigo, personaje clave en su defensa.

Aquella entrevista telefónica sirvió para que la opinión pública conociera la situación que vivía *Lady* dentro del penal.

Recuerdo que, para ubicar a nuestra audiencia, le pedí a *Lady* que comenzara hablándome de lo sucedido hasta ese momento, desde la última entrevista que le había hecho en abril de 2004 en la cárcel El Buen Pastor, de Medellín:

—¿Qué pasó después? ¿Por qué te trasladaron y a dónde?
—Pues, pasaron muchas cosas. Me cambiaron de cárcel. Estuve once meses en la de Valledupar (capital del departa-

mento del César, a 760 kilómetros de Medellín), porque en El Buen Pastor hacía demasiadas denuncias; tuve algunos inconvenientes con la guardia, porque hubo un teniente que pagó a algunas internas para que… y bueno… definitivamente me agotaron la paciencia.

Y ahorita, pues, yo estoy ahorita en el centro de reclusión de El Pedregal, porque la cárcel de El Buen Pastor la entregaron a las monjas.

—Y, ¿cómo viviste todos estos otros años más recientes?

—De ahí para acá todo ha sido muy difícil. La guardia ha sido realmente muy severa conmigo. Más que todo el teniente Álvarez, que es el que está ahorita encargado, de director. Volver acá a Medellín ha sido muy difícil porque la guardia me trata bastante mal, no me dan trabajo, he estado algo enferma y no me suministran los medicamentos. Si tengo la posibilidad de entrarlos, el teniente Álvarez no me los deja ingresar. Ha sido bastante difícil. Es como una persecución, una vaina toda, toda maluca.

"Con mi familia, en los días de visita, es muy complicado. Les ponen muchos problemas, no me los han dejado entrar. Otro día que sí, otro que no. Entonces ellos poco pueden venir por falta pues de… de lo que ya sabe todo el mundo: el dinero. Cada vez que vienen es un problema con ellos. Entonces a los niños ya casi no les gusta venir, poco los veo.

"Pero estuve estudiando, gané el año. Sin embargo, en agosto me hicieron una operación de hemorroides y debido a eso me sacaron de la escuela. No les importó que hubiera ganado el año. Me tienen sin descuento, ya como cinco meses. Hace apenas unos cuatro días me dieron la orden de trabajar. Y bueno, ahí voy… Ahí, como con todo ese cuento.

"El problema de los senos ha sido algo bastante complejo. Estoy esperando a ver si de pronto me hacen los exámenes, para saber exactamente qué tengo. Si son quistes o si no… Si son positivos, si son negativos… Aquí esperando. Realmente aguantando hartas cosas…

Me ha ido muy difícil, después de regresar de la cárcel de máxima y mediana seguridad de Valledupar. Prácticamente no me dejan salir al patio, no me dicen el porqué, el motivo. Tengo conducta ejemplar y aun así ha sido muy difícil. Prácticamente la guardia conmigo tiene pues… O no tanto la guardia, es más como los altos mandos, el teniente, los cabos. Llevan como una persecución conmigo, con mi familia. No me las dejan entrar en muchas ocasiones.

"A nivel de salud pues ha sido muy poco lo que me han podido atender. Los medicamentos que necesito no me los dejan entrar. Ha sido más bien difícil. Pero no me arrepiento porque lo que deseaba era estar aquí, en Medellín, para poder estar cerca de mi mamá".

—¿Lady, has denunciado esta situación a través de organismos de defensa de los derechos humanos, de organizaciones que tienen que ver con la situación de los reclusos en Colombia?

—Sí. Lo he denunciado con la Procuraduría, con el cónsul de derechos humanos de la Regional de acá. En cierta parte sí me ayudó porque hasta hace poquito ya me dieron trabajo. Pero el resto no. No me ha servido para nada más. Porque ese tipo de denuncias han sido aquí internamente; la guardia ha sido un poco más severa conmigo, con mi familia. Tengo una hermana a la que le han puesto mucho problema para entrar, porque ella ahorita está embarazada. Tiene seis meses de gestación y la obligan a pasar por los Rayos X. Bueno, cantidad de cosas. Entonces ella no ha vuelto debido a eso. Pero yo prefiero estar acá. Yo sé que Dios me da la fortaleza para soportar todo eso. Esto en algún momento va a acabar. La verdad, he tenido unas crisis bastante fuertes, pero Dios está conmigo y yo sé que todo va a salir bien.

—En cuanto a la disciplina, a las tareas que debes cumplir, ¿haces todo como te indican? ¿Respetas las órdenes? ¿No te rebelas? Es decir, yo simplemente estoy buscando que me des todos los elementos, saber si en algún momento tú también has fallado dentro de la cárcel. ¿Ha pasado eso?

—¡Claro! ¡Por supuesto! Por supuesto. Yo no soy ninguna perita en dulce. Y ha sucedido más con la guardia, no con las internas. Yo con todas pues me llevo, me tratan bien. Lo que pasa es que yo soy una persona muy sola. Pero mis encontrones o mis rebeldías son con la guardia. Porque la guardia ahora es muy agresiva, por todo la gasean a una. Cantidad de cosas. Será por eso de pronto que las internas me apoyan, porque no soporto la injusticia. Yo cumplo con lo que supuestamente es el reglamento, que no conocemos. Yo cumplo con lo que debe ser: la hora del silencio, las horas de las comidas, las horas de la contada. Yo cumplo con todo lo que tiene que ser. Pero a mí las injusticias no me gustan. Y ellos son demasiadamente arbitrarios con todas, no solo conmigo, ¡con todas! Y esas cosas yo no las tolero. No te voy a decir: "Es que yo soy la más santa", no. Yo, como ser humano, cometo errores y de pronto, acá, los he cometido en el sentido de que, a la dragoneante, o al cabo, o al teniente, o al que sea, le digo las cosas que le tengo que decir en el momento. Pero a ellos no les gusta. ¡Eso es lo que no les gusta! Entonces, cuando hago entrevistas y publico esas cosas ellos toman represalias conmigo.

—El hecho de que estés ahora ofreciéndome esta entrevista para una radio internacional, ¿tus declaraciones podrían acarrearte algún problema, Lady?

—Pues no creo, porque creo que en este momento no saben siquiera que la estoy dando; porque cuando estuve en la prisión de Valledupar, por todas las denuncias que hice, el ministro de apellido Cossío me mandó un comunicado en el que prácticamente me vetaba para dar entrevistas. Y ahí intercedieron unas personas de Defensoría del Pueblo, de la Cruz Roja y de Derechos Humanos a nivel internacional, que le dijeron que él no tenía por qué prohibirme eso, ya que las entrevistas por teléfono para mí no eran prohibidas, a menos que tuvieran que ingresar cámaras y todo eso al establecimiento. Porque él me amenazó, como quien dice, que si seguía dando entrevistas me iban a quitar la redención. Entonces, creo que no. Por ahorita, mientras no se den cuenta, no. Porque ellos no me tienen por qué prohibir si yo doy entrevistas por teléfono o no.

—Pero, ¿puede que cuando se escuche esta entrevista, cuando se publique, sí tomen represalias?

—Sí. Probablemente sí. Pero te voy a ser sincera: eso a mí no me preocupa. No me preocupa porque ustedes, los medios, a mí me han ayudado mucho. Si no hubiera sido por ustedes y por tantos colombianos y personas del extranjero que me han apoyado quizás yo no estuviera acá. Por eso vivo muy agradecida con todo el mundo, con Colombia, con todos los que me han apoyado; porque a raíz de eso es que yo volví a estar acá, cerca de los míos, aunque no los pueda ver casi, debido a la falta de dinero.

VIII. Castigos

La entrevista telefónica con *Lady* en 2011 puso al descubierto algunas irregularidades del sistema penitenciario colombiano que pocas reclusas se atrevían a criticar y, mucho menos, a dar a conocer a través de los medios de comunicación.

Repasamos juntos la transcripción de aquel intercambio y todavía me impresiona la calma y la coherencia de *Lady* en un momento tan delicado para ella.

¿Sabes qué hacen? —me decía entonces, sin temor a posibles represalias de sus carceleros—. Ellos manejan todo como a oscuras, como decimos acá. Como en el mercado negro, todo por debajo. Entonces, de pronto, si yo necesito una entrevista con mi hijo, el teniente me la niega. Si yo necesito una entrevista de urgencia, por ejemplo, con mi hermano, que hace tres años no lo veo, ellos me la niegan.

"Mira: ayer, algo tan simple, hicieron una lista para una maratón de aeróbicos y yo me hice anotar… en este momento tengo la disciplina ejemplar, no tengo informes, no tengo nada de esas cosas, pero el teniente y el cabo mandaron a decir que *Lady* Tabares no sale. Les mandé a preguntar, por favor, que vinieran, que nos dieran la cara, que dijeran por qué. Y no, que simplemente ellos no tenían por

qué venir a darme explicaciones a mí, que no salía, y que
no salía, y que esa era la orden.

"Me castigan, sin motivo y con motivo. O sea, yo acá no
necesito manejarme bien o manejarme mal para estar casti-
gada. Duré cinco meses en Patio 10, que es el patio de castigo. ¿Y sabes por qué salí de Patio 3 a Patio 10? Porque estaba llorando en las horas de silencio. Yo soy psico-depresiva
crónica. Y me dan unas depresiones muy fuertes. Me cogió,
me cogió… Estaba mal, no podía ni hablar del llanto. Y la
dragoneante simplemente llamó al cabo Pérez y me sacaron
para la UTE (Unidad de Tratamiento Especial), que me fuera a llorar a la UTE, que son los calabozos. Allá me dejaron
cinco meses, simplemente por ese motivo. Entonces, ¿te das
cuenta? Es a lo que me refiero. Yo no tengo que manejarme
bien o mal, yo soy la misma siempre. Como te digo, tengo
conducta ejemplar. Pero igual recibo sanciones, la guardia es
muy despectiva conmigo, son bastante agresivos, me niegan
la oportunidad de salir, sea a una actividad, sea deporte, sea
una fiesta que nos celebren del Día de la Mujer, o del Día de
la Madre. No me permiten salir".

—¿Estás sancionada? ¿Te siguen sancionando?
—Sí. Me siguen sancionando. Y ellos no me dan cara. He
mandado derechos de petición, he puesto tutelas y no me
las contestan.

—*Lady*, hablabas de que estás depresiva… ¿Recibes asistencia médica por esa situación?
—No. No recibo asistencia médica de ellos.

—¿Y de los otros males? Hablabas de problemas en el seno
¿Te han podido ver especialistas?

—Cuando llegué de Valledupar, sí. Me vieron, me dijeron que tenía unos quistes, que necesitaba una vitamina E y un Omega y no sé qué más. En el Inpec me dijeron que ellos no me podían dar eso. Me lo trajeron de la calle y fue un problema porque no me lo dejaron ingresar. Luego tuve que escribir a Derechos Humanos y por medio de ellos me dejaron ingresar los medicamentos, pero las fórmulas no me las entregaron. Entonces, cada vez que hacen una requisa me quitan los medicamentos. Me toca hacer cantidad de cosas para que, por favor, me los devuelvan.

"Hace ya un año, cuando nos trasladaron para acá, ellos prácticamente se robaron todo el equipaje que traía. Ellos se quedaron con los medicamentos, ropa, zapatos, todas esas cosas. Lo único que me dicen es que no aparece. Y son medicamentos que me los mandó alguien de Estados Unidos, que acá no los puedo conseguir y que efectivamente tampoco tengo el dinero para comprarlos. Pero se quedaron con ellos".

—Sigues siendo una figura pública. Muchas personas en el mundo están pendientes de tu situación. Incluso en muchas páginas de Internet, blogs, sitios de medios de comunicación, hay espacios dedicados a ti. ¿Qué mensaje envía *Lady* desde El Pedregal, ahí en Medellín, a esas personas que siguen pendientes de tu situación?
—Sólo decirles, primero a Dios, que muchas gracias, y decirles que Dios los bendiga, que yo sé que si algo me ha mantenido parada aquí es el apoyo que he recibido tanto de mi gente colombiana como de los de por fuera. Gracias por creer en mí, por apoyarme, por seguir ahí. Eso es lo que me hace seguir adelante, lo que me hace aguantar, lo que me hace resistir todo esto y el tiempo que me falta. Dios los bendiga. Mi Dios les pague por todo.

—Muchos de ellos se preguntan qué tiempo te falta. Si se puede esperar una reducción de la condena, con el paso de los años. ¿En cuánto calculas el tiempo restante?

—En unos cinco años y medio, supongo. Se dice que están esperando que, en el Senado, allá en el gobierno, firmen unas supuestas rebajas que nos van a dar a los que estamos detenidos. Yo pedí el diez por ciento y me lo negaron. Sigo como pegándome de Dios para que, por favor, nos den esas rebajas. Si nos dieran esas rebajas creo que yo quedaría penando apenas por unos dos años, tres años.

—¿Y ha pensado *Lady* Tabares qué va a hacer cuando esté junto a sus hijos, cuando esté de nuevo en la calle? ¿Cómo vas a rehacer tu vida?

—He pensado tantas cosas. Yo en realidad anhelo terminar mis estudios, porque quiero seguir estudiando cine, teatro, todo eso. Y quisiera poder estudiar medicina forense, poder conseguir dinero para fabricar la casa en el lote que compré con la plata de *La vendedora de rosas*. Quiero estar con mis hijos, cuidar a mi mamá. No quiero que mi mamá pase más necesidades, porque en lo que estoy acá la situación económica para ella ha sido bastante difícil. Me toca hacer muchísimas cosas para poder pagarle los servicios, el colegio de los niños y todo eso. Entonces sólo visualizo eso: poder terminar de estudiar y construir en el lote que tengo y cuidar de mis hijos. Poder verlos crecer, acompañarlos, estar con ellos, trabajar. No sé… ¡Tantas cosas!

—Muchas de esas personas que se interesan por ti, preguntan: ¿y cómo podemos ayudar a *Lady*? ¿Sabes cómo pueden ayudarte?

—En este momento, realmente lo que más anhelo es poder construir la casa en el lote que compré con la plata de *La vendedora de rosas.* Pienso que ahorita lo más primordial sería eso y los medicamentos de mi mamá. En ese sentido me podrían ayudar.

Escuche o descargue utilizando la aplicación QR en su smartphone el programa Voces en el que Lady *Tabares hace las declaraciones transcritas anteriormente.*

Parece que escucharse a sí misma la ha estremecido. Es como si hubiese recorrido nuevamente ese pasado que la aturde cada día. Y en este ejercicio de memoria es ahora ella quien afirma que peor fue en la prisión de Valledupar, donde estuvo durante dos años anteriores a nuestro diálogo telefónico de *El Pedregal* y a la que regresa imaginariamente, por senderos dolorosos.

"Me trasladaron para la cárcel de máxima seguridad de Valledupar, en la que estuve once meses. En el transcurso del viaje me golpearon. Fue un tiempo demasiado difícil, me enfermé muchas veces. Allá fue donde me aparecieron los quistes (en los senos), las hemorroides, muchos problemas. Presencié un homicidio, otras que se suicidaron. A nivel de salud la pasé súper mal. ¡Súper mal! Rebajé como unos siete u ocho kilogramos. Llegué a pesar 38 kilos. Ya cuando entré, me recibieron bien las internas. Me vieron como un… como el ángel de la guarda, la persona que pudiera divulgar todo lo que sucedía al interior del recinto penitenciario. Y eso me trajo muchas consecuencias, positivas y negativas. Una de esas fue devolverme para acá, a Medellín. Fue realmente en Valledupar donde yo sentí miedo. De los doce años de cárcel fueron esos once meses en los que sentí mucho miedo".

Llegados a este punto de sus recuerdos, el rostro de *Lady* se contrae, se endurece; parece asustada.

"Yo creo que Dios me acompañó siempre y me ha dado la fortaleza para saber afrontar eso de manera que no enloquezca, por decirlo así. Fue duro creer que de pronto tuviera cáncer de mama. Hoy en día me da miedo terminar, pues, todo lo que empezó, realmente nunca se terminó (la investigación médica), porque el sistema de salud en Valledupar era extremadamente precario. Sin embargo, allá me hicieron exámenes, cosas, y fue donde me dijeron que tenía esos nódulos cancerígenos, no sé qué... esas cosas que a nivel emocional me tumbaron mucho. ¡Fue muy difícil! ¡Valledupar!" ...

Facsímil del periódico El Heraldo del 3 de abril de 2011[14].

Y otra vez una pausa, un respiro en el viaje contra reloj por las partes más tristes y azarosas de su vida mientras, de fondo, se oye el canto de un gallo indicando la hora, el paso del tiempo que, quiérase o no, deja huellas.

"Valledupar me hizo crecer mucho como persona, como mujer, pero a nivel de salud y creo que a nivel emocional me estaba destruyendo. Aunque hubo también momentos chéveres, buenos, cuando entre nosotras nos celebrábamos cumpleaños. Cosas así, con las que uno rompe el hielo y hace que el día, la ocasión, el momento sea distinto a todo lo que es la rutina diaria de la cárcel. Son cosas que quedaron y que hoy por hoy me han ayudado a ser la que soy, la que sigo siendo".

---

[14] *Periódico El Heraldo:*

https://sandrapinobacca.files.wordpress.com/2011/04/articulo-lady-tabares-para-el-heraldo-pdf.jpg

IX. Confesiones

Pasó el tiempo. Doce años. Y *Lady* siguió en la mira de otros comunicadores colombianos que continuaban su labor de investigación, como la periodista Natalia Orozco.

Lady regresa al buscador de Google y encuentra lo que Natalia escribió un día después de que ella regresara a su casa en 2014:

Las 2 Orillas

***La vendedora de rosas* salió de "un infierno"[15]**
Por: Natalia Orozco |Mayo 09, 2014

Si algo positivo dejó mi paso fugaz por Caracol TV fue el conmovedor encuentro con *Lady* Tabares, la protagonista de la película *La vendedora de rosas*. La actriz había sido condenada a permanecer 26 años tras las rejas y hace poco decidimos conocer más sobre su caso judicial. Pero, por fin ayer jueves, 8 de mayo, después de 11 años, pudo regresar a su casa, la misma que por el momento le asignaron como prisión domiciliaria.

[15.] **Las 2 Orillas** (Publicación de periodismo independiente, digital, regional y ciudadano)
https://www.las2orillas.co/la-vendedora-de-rosas-salio-de-un-infierno

Era septiembre del 2013 y llegamos a la cárcel El Pedregal de Medellín, para que *Lady* nos diera la que fuera su última entrevista desde un centro de reclusión. Desde los primeros instantes me sorprendió la mezcla de fortaleza y dulzura, así como la determinación, el sufrimiento y la nobleza que expresaba en sus palabras.

Para esa misma historia, me propuse encontrar también a Édison Castañeda, el ex-compañero sentimental de *Lady* Tabares, quien por primera vez habló frente a una cámara sobre el homicidio por el cual la protagonista de *La vendedora de rosas* se vio obligada a vivir los mejores años de su juventud en el encierro.

Tenía información que Édison permaneció sólo 10 años en la cárcel mientras que *Lady*, hasta ese día que la vi, era una rosa que resistía a marchitarse, pero sin ninguna claridad, sobre si recibiría o no los beneficios obtenidos por su ex-compañero y padre de uno de sus hijos. Hasta ese momento todavía le esperaban 16 años de encierro.

Lady constata lo escrito por Natalia Orozco. Le interesa saber más. Navega por Internet y un enlace la lleva a otro, y a otro, hasta encontrar el reportaje de Natalia en el programa de televisión Mundo Actual, del 8 de mayo de 2014[16].
Visiona el segmento:

PERIODISTA: (…) Como toda adolescente *Lady* vive, experimenta y se enamora. Conoce a Ferney, un pandillero que pronto se convierte en el padre de su primer bebé. Pero días después de nacido el niño, en la misma casa que *Lady*

[16.] Programa Mundo Actual: Entrevista a Leidy Tabares de La vendedora de rosas https://www.youtube.com/watch?v=ieSQuwQt4KI

había recibido —como recompensa por su trabajo en la telenovela *La guerra de las rosas*—, hombres armados entraron y delante de ella y el bebé, le descargan a Ferney 17 tiros. La actriz se convierte en una madre viuda que vive entre las malas compañías y la miseria. Así conoce y llega Édison a su vida.

ÉDISON: Nos conocimos, empezamos a andar juntos y resultamos viviendo juntos y resultamos metidos en la cárcel en problemas.

Édison es señalado junto con Leidy de liderar un asesinato cuya autoría material fue confesada por dos menores de edad. De los cuatro señalados, solo hoy Leidy permanece tras las rejas.

PERIODISTA: ¿Cuánto tiempo pagó su condena y hace cuánto está disfrutando de su libertad?

ÉDISON: Diez años, nueve meses y tres días.

PERIODISTA: ¿Qué pasó, qué tan implicada estaba *Lady* Leidy Tabares?

ÉDISON: Es que ella no tiene nada que ver. Los que lo mataron nunca pagaron cárcel. Y bueno, ya lo que pasó, pasó. Ya lo pagamos ya. Porque yo de pronto sí ayudé, no a matarlo, sino que les ayudé a enterrarlo.

Lady no puede contener su impotencia al escuchar a Édison. Pero se muestra a la vez resignada y espontáneamente comenta:
— De pronto son cosas sin explicación —me dice mientras hace una larga pausa y respira profundo—. Porque realmente yo a la jus-

ticia no le debo nada. Sin embargo, les pagué mucho. Y digamos que las personas que tuvieron que ver con todo eso vivieron su vida normal. No sé nada de ellos, no me interesa saber nada. Quizás en algún momento alguno me mandó a pedir perdón, no sé qué, pero ya no importaba porque dentro de la cárcel y a nivel judicial, yo iba recibiendo cada pela, iba recibiendo como ese poderío encima de mí de que ellos tenían la razón y que las cosas tenían que ser como ellos quisieran, como la justicia quisiera.

Lady hace una pausa en su reflexión y sigue viendo el reportaje de televisión.

> PERIODISTA: ¿Qué siente *Lady* al saber que su compañero de causa, la persona que señalaron haber estado con usted ese momento y que la ha tenido a usted 11 años encerrada, hoy está libre?

> *LADY*: Alegría. Siento alegría porque de todas maneras sé que Édison también la pasó difícil… De pronto en su interior lleva algún cargo de conciencia que no lo deja estar tranquilo.

> ÉDISON: Es que, si llegamos juntos, debíamos haber salido juntos. No podía salir uno primero que el otro.

> *LADY*: Él me recalca mucho el hecho de que yo esté acá. Le pesa. Y yo le digo que ahora no hay tiempo de que él se de golpes de pecho. Llegará mi momento. Dios sabrá por qué no he salido aún. No es el momento.

> PERIODISTA: Según los expedientes, la larga condena a *Lady* Tabares, 26 años de prisión, se basa, exclusivamente en el testimonio de uno de los menores, que confesó la autoría material del homicidio.

Lady nunca aceptó los cargos.

LADY: Pedí perdón públicamente. No me pesa, pero igual muchas veces en mi soledad me he preguntado por qué pido perdón.

PERIODISTA: Conmovido por esta historia y las irregularidades del dossier, el padre y abogado Rodrigo Manrique asumió hace cinco años ad honórem el caso.

ABOGADO: *Lady*, a título personal, dijo que por ser ella el personaje que es, de pronto ha impedido que le concedan cualquier privilegio. Édison ha corrido una suerte mejor; tengo entendido que le rebajaron la quinta parte y tuvo varias oportunidades de poder compartir con su hijo; lo que no ha podido tener *Lady*. Como ha tenido ciertas dificultades con sus niños afuera, entonces, ella en momentos de estrés, de angustia, se desespera y el Inpec lo toma como una persona que de pronto puede ser impulsiva o de un carácter fuerte, y entonces por eso merece esos castigos.

Es un constante ir y venir en los recuerdos facilitado por la tecnología. *Lady* abre un artículo, escrito también por Natalia Orozco, en el periódico El Espectador[17] y se detiene casi al final del trabajo para comentarme lo que, según ella, es la clave: el ensañamiento. Ella padece ese sufrimiento que provoca un sujeto a su víctima. "Es absurdo el dolor que experimento y la prolongación de mi agonía".

"Quedan las ganas de vivir"
Nacional
28 Oct 2013 - 9:57 PM
Natalia Orozco R. / Especial para El Espectador

---

[17] https://www.elespectador.com/noticias/nacional/quedan-ganas-de-vivir-articulo-455168

Lo cierto es que tanto el director de cine Víctor Gaviria como el abogado y sacerdote Rodrigo Manrique, quien desde hace años lleva el caso de *Lady* ad honórem, creen que a ella "le han cobrado ser un personaje público". Lo mismo cree ella: "Amo haber sido *la vendedora de rosas*, pero si no lo hubiera sido yo no estaría acá".

Manrique no pierde la esperanza y trabaja arduamente para que *Lady* reciba la misma rebaja de pena que recibió Édison y que le otorguen libertad controlada por dispositivo electrónico, argumentando además que Lady es madre cabeza de familia e insistiendo en el tiempo cumplido y en su buena conducta. Sin embargo, por el momento cada apelación ha tenido una respuesta negativa del juez Jorge Eliécer Olano, quien la considera "un peligro para la sociedad".

En sus años de condena Lady se ha vuelto una abanderada de los derechos de las reclusas y su temperamento rebelde y beligerante le ha ocasionado frecuentes choques con la guardia. "Algunas de las dragoneantes son muy arbitrarias y cuando se meten conmigo o con alguna de mis compañeras yo no puedo quedarme callada", señala.

Retoma el video donde lo dejó. Quiere verlo hasta el final. Cree que trabajos como este pueden ayudarla a recordar y tener un juicio más certero sobre cómo han contado su historia algunos periodistas que investigan y contrastan las fuentes antes de publicar.

LADY: Que soy revolucionaria, tal vez. No me gusta la injusticia, no me gusta. Y si una dragoneante o una pabellonera se sobrepasa sea conmigo o con otra interna, yo simplemente no me quedo callada. Muchas, muchas compañeras me dicen, *Lady* quédese callada, que usted ya lleva mucho tiempo en la cárcel. Quédese callada, no les conteste. Les digo, no, es que el tiempo de la esclavitud ya pasó.

PERIODISTA: El comportamiento de *Lady* Tabares en la cárcel ha sido cuestionado. Los encontrones con la guardia son permanentes y algunos la señalan de delinquir incluso, detrás de las rejas.

Lady cierra los ojos y no puede evitar la rabia calmada.

—Sufrí de pronto muchos menosprecios, muchos señalamientos dentro de la cárcel por parte del Sistema Penitenciario y el Cuerpo de Custodia y Vigilancia. Muy tiranos conmigo. Mucho. Que si Lady dijo, que si no dijo. Que si pensó, que si se acostó. O sea, todo. Por todo un informe, por todo, una sanción. Tres años que me dejaron sin descuento de mi pena. Pidiéndole ayuda al juez, el cual me respondió que no podía hacer nada, cuando los jueces aquí en Colombia tienen toda la potestad de ordenar al establecimiento penitenciario X que deben otorgarle redención al recluso. Es un derecho.

Los periodistas no hemos estado ajenos a esta rebeldía de *Lady* durante estos 12 años en prisión. En mis entrevistas sale una y otra vez esta actitud que marcó parte de su destino entre rejas, como respuesta a las sinrazones y que ella asume como deber más que como derecho. Creo que los que hemos estado cerca de ella coincidimos en que su reacción es la señal de quien se atreve a vivir cuestionando las reglas impuestas y las critica, es la impugnación de la reclusa que sabe soportar el peso de su entorno, pero no el de la injusticia.

Lady sigue visionando el reportaje de Natalia Orozco, en el que ahora aparece una figura clave en la vida de *La vendedora de rosas*.

PERIODISTA: Víctor, ¿cree usted que *Lady* Tabares tiene la opción de una vida distinta, de una vida libre, feliz?

VÍCTOR: Yo creo que hay que darle a *Lady* la oportunidad de redimirse. Ya se redimió con el tiempo que ha pagado. Entonces que ella sea la muestra de ese colombiano que ha caído en esas trampas.

ABOGADO: Ella anhela estar fuera, estar libre, al lado de los suyos y realizarse como una verdadera madre y como un personaje que es.

ÉDISON: Ella tiene todavía muchas posibilidades de salir adelante; ella tiene mucho empuje.

MAMÁ DE *LADY*: Mi diosito le tiene preparadas muchas cosas buenas, porque ella la mayor parte de la juventud no ha sido sino por la calle de la amargura como dice el dicho. Ya que pasaron los amargos, que vengan los gozosos, y yo sé que así va a ser.

LADY: Queda la gran experiencia, que fue ser la actriz de Víctor Gaviria. Los sueños que no se han podido apagar; que las rejas no han podido, de pronto, encerrar. Quedan las ganas de vivir.

Esas ganas de vivir son las que ahora marcan, por fin, su destino desde que disfruta la libertad condicional que le otorgaron el 8 de mayo de 2014.

—Llega el padre Rodrigo Márquez y con mucha perseverancia logra sacarme en prisión domiciliaria después de que el juez me la negó —relata—. Ahora estoy acá y, según parece, tengo que pasar un año más, encerrada aquí en mi casa porque al señor juez simplemente le parece que yo no cumplo los requisitos para estar en libertad condicional, y así poder ver por mi familia bien, como se debe. Llevo ya un año y ha sido una buena etapa, con muchas dificultades, pero también con muchísimas bendiciones. Recordar todo eso es muy grato. Porque han querido enterrarme, no han pensado que yo soy una semilla.

Hace una pausa, como asombrada por lo que acaba de decir. Respira y repite la rase: "Sí, claro, yo soy una semilla". Y nuevamente se abstrae en los recuerdos.

—Digamos que de las mejores cosas que traigo a mi memoria en estos momentos, una es la casa que hace unos años Dios me regaló. Ahora está en mejores condiciones, está más reconstruida, más sostenida, se ve mejor. Con algún dinero que me llegó la he podido organizar mucho. Está súper bonita. Y esta es la mayor riqueza, todo el tiempo que llevamos con ella. Mi mamá dice que ya lleva viviendo acá como 17 años. Ya es mucho tiempo. Es que han pasado tantos años —sonríe— y el mejor regalo que me deja *La Vendedora de rosas* es la casa. Es que ahora, digamos, no es que seamos personas, sino que no tener casa es la extrema pobreza, la verdad. Y tenerla es la mejor riqueza, porque es que ya nadie nos cierra la pieza con candado, le pone cadenas. La casa es como ese recomienzo de *Lady* Tabares. Entonces, ya ahora *Lady* tiene familia, su hermana tiene hijos, ya somos una familia más grande, y nuestros pequeños están teniendo un mejor presente, un mejor futuro, ¿no es cierto? Nuestros hijos… Por decir mi Juli, que tiene 11 años, y yo a esa edad tenía que trabajar para poder pagar un techo y comer. Trabajar vendiendo rosas con mamá.

Hace una pausa y se dirige al lavadero contiguo a su habitación, toma una palangana y saca agua depositada en un tanque. La esparce sobre la orina que ha dejado en el piso el más pequeño de sus gatos, testigos y acompañantes de parte de su accidentada vida.

Mientras la sigo con el micrófono, me viene a la mente una conocida canción que mucho tiene que ver con lo que me está contando y que utilicé más de una vez en mis reportajes sobre ella: *El Billetico,* del grupo musical colombiano *Cabuya.*

¡Visita a Colombia! ¡Visita a Colombia!
¡Ay Dios mío!
Y ésta es una canción para todos los niños que están
trabajando
entre la luz roja y la verde y el sol que los baña y
la noche que lento pasa
porque no pueden ir al colegio y les toca trabajar
duro en la calle. ¡Ay Dios mío!

Mi mamá me pegó porque yo tenía un billetico escondío.
Todo el día trabajando en una esquina me lo gané.
Uno de dos mil pesos una dama me regaló.
Yo pensando en comprar un trompo, el billetico guardé.

Agotado cogí la loma y a mi casa llegué,
y a mi vieja le di un montón de moneditas de cien.
Ella tan desconfiada los bolsillos me revisó.
Encontró el billetico y tremenda pela me dioooo.
Mi mamá me pegó, mi mamá me pegóoooo
Mi mamá me pegó porque yo tenía un billetico escondío.

En el semáforo tú los ves caminando,
cuando tú paras ellos limpian el carro.
Luchan por el dinero y no es su obligación.
La señorita subió la ventana por miedo que le robaran,
que le quitaran, un pedacito, de su belleza de su carrito
y de su lindo cuerpecito.
Y el billetico que ella le dio taba maldito y la mamá le pegó.

Cogió la escoba y se la puso en la cabeza,
le dio en un hombro y se lo dislocó,
un gaznatazo en toda la espalda y en la rodilla tres patás,
qué dolor!

Ahora cojito, todo tumbao, con su pasito acongojao.
Allá en la esquina tú lo puedes mirar, todo encorvao parece
un garabato,
con el pasito y el pasito. Cojo, cojo, cojo, cojo caminito.
Bueno mamá ya que me pegaste y me dejaste to dislocao, to jodío,
ya no puedo ni caminar mamá, ni siquiera puedo bailar.

¿Sabes qué, mamá?
Termíname de una vez de dar la tunda entera mamá, destrózame.
Yo no voy a vender esos chicles, esos cigarrillos,
esas mentas ni tampoco el chocopolo, mamá. ¿Sabes qué?
Termíname de una vez de pegar, mamá. ¡Pégame la patá, mamá!
Pégamela mamá, pégamela mamá.

Revolución de los niños llevaos. Fuera el camello, venga la escuela.
No más palo pa' la violencia. No más palo pa' la inocencia.
Pa' las mujeres que no quieren parir, y luego luego ya no quieren
parar,
y pa' los hombres que las dejan botadas y van pintando
pajaritos en el aire,
aquí les traigo revolución, pal que golpea y luego habla de Dios.
Es una guerra sin más armas que mi voz.

Lady retoma la conversación justo donde la dejó:

—Para los que han seguido de pronto mi historia, saben que no solo vendí rosas, sino que también vendí chicles, que en ocasiones me metía a supermercados a robar —sonríe— para poder comer. Entonces, mis hijos ahora no viven eso. O sea, mi hijo tiene una vida de un niño de 11 años. Ya mi niño juega, se dedica a estudiar; tiene en su mentalidad cosas de niño, ¿cierto? Mis sobrinos son unos bebés muy bendecidos, o sea, ellos viven su niñez, están viviendo eso que mi hermana Angie y yo no tuvimos.

"Bueno, como ves, la casa es un gran espacio para mí, es la libertad, sí, es la libertad— me recalca, aunque termina diciendo que no es tanto eso—. Es mi espacio, es eso que nadie viola. Es eso que nadie me limita. Soy yo, ¿cierto? Es lo mío, es mi tranquilidad entre comillas. Es mi realidad. Es esa realidad que acepto y que amo y que valoro mucho. Acá arriba, que tengo mi habitación, están mis gatos: Pili, Tito y Estrella. Esta que pronto va a ser mamá y me va a hacer abuela. ¡Tan linda! Y ellos representan mi futuro".

Lady vuelve a hacer una pausa y habla con sus gatos. Se agacha y toma uno en sus brazos.

—A ver Tito, venga. ¡Tan lindo! —sonríe mientras el gato cariñosamente maúlla—. Tito venga, venga pa'cá, venga, pues. ¡Avemaría purísima! Tienen hambre —me dice señalando a los otros dos que también maúllan sin parar—. Está Manchas, como hablaba ahora recordando tantas cosas, que es la gata que lleva con nosotros aproximadamente nueve años y medio. Que es la gata que yo saqué de la cárcel. Muy seguido yo recuerdo eso. Yo en la cárcel me crié 32 gatos. Porque allá había muchos gatos en los techos y entonces las internas les dábamos comida. Y había una gata que de pronto ella tenía un cariño especial por mí. Y otros por otras personas, obviamente. Y ella me dejaba sus crías. Yo le crié a ella 32 gatos. De esos 32 me traje a Manchas, que hoy en día ya no es conmigo como era, claro ya ella no me reconoce como tal. Pero ella representa ese pasado de mi vida. Y la amo con toda mi alma. Ella es lo mejor que me queda de ese pasado…

De pronto sumerge nuevamente la palangana en el tanque de agua y la riega sobre lo que pudo haber quedado de la orina del gato. Con la escoba en la mano, sigue su relato:

—…y Tito, Estrella y Pili, que son mi presente. Estrella más que todo porque fue la primera gata que tuve cuando salí. Me la ofrecieron y no lo dudé. Ella representa ese nuevo comienzo mío, porque llegó a mí recién salí de la cárcel. Entonces ellos son mi futuro, ellos me dan tranquilidad, me dan muchas cosas. Son lo mejor.

Lady *con Estrella, su primera gata después que salió de la cárcel y que murió a inicios de 2017.*

X. Víctor, *Lady* y la película

19 de mayo de 2015

Víctor Gaviria, el único director de cine colombiano que ha llegado con sus películas al célebre festival de Cannes en dos ocasiones, me cuenta cómo, hace 15 años, descubrió a *Lady*. En 1998 la sacó de la calle Niquitao, que hace parte del Barrio Colón, ubicado en el centro de Medellín, en la comuna 10, departamento de Antioquia. La convirtió en la actriz natural que pisó victoriosa la alfombra roja del festival de cine más importante del mundo.

Llego a su casa y me recibe con la familiaridad de siempre. En parte porque ha sido testigo de casi todos mis encuentros con *Lady* Tabares, en San Sebastián, Bogotá y Medellín. Ella es la llama que no se apaga de esa película en la que casi todos sus protagonistas ya no viven.

"La gente no ha permitido que yo la olvide —me dice refiriéndose a la película—. Porque he vivido en una especie de presente constante y continuo desde el '98, porque todo el tiempo en Colombia, no solo en Medellín, donde vaya, todo el mundo la acaba de ver, las nuevas generaciones la ven, los niños están esperando crecer para verla, porque los papás se la prohíben hasta cierta edad por el lenguaje que tiene y por la temática, pero constantemente es un tema que no pasa de moda. Es como si la película la hubiéramos hecho hace un año, o tres o cuatro meses. Entonces, su actualidad es permanente, y en eso influye muchísimo la popularidad de *Lady*. O sea, es como si el film fuera el primer capítulo de una historia que se continuó en esa época, en el '98 cuando tuvimos 600 mil o 700 mil espectadores, en la que yo iba a los teatros y se abrían las puertas y muchas veces la vendedora, *Lady*, estaba allí en el vestíbulo vendiendo rosas. Entonces, era como si se terminara un capítulo, que era la película y empezara inmediatamente el capítulo del vestíbulo del teatro. Ahí en las escaleras, en la calle, venía el capítulo, se alimentaba, pero después venían las entrevistas y era, digámoslo, es como si fuera una novela por capítulos".

He llegado hasta Víctor porque sé que hay una parte de *Lady* que solo él puede describir y que quizás nos hemos estado perdiendo por las circunstancias, o porque no tenemos esa cercanía y confianza que, en todo caso, él le inspira. ¿Qué es *Lady* para él? —le pregunto.

"Pues mira, siento que era una niña de quince años. Yo en ese momento tenía ya casi 40. Déjame precisar: Tenía 38 años. Y entonces ella era una niñita para mí. Pero después, a raíz de la película, a pesar de la diferencia de edad, ella tiene una edad mental que se puso a mi altura y desde que terminamos la película, los viajes que hicimos, nos volvimos muy amigos, cómplices de todo. Y luego, ya con sus aventuras posteriores, sobre todo con lo de la cárcel, que fueron 12 años, nos hemos vuelto... Ella me dice que yo soy el papá que ella no tuvo, ¿cierto? Yo no tengo tanto ese carácter de papá, aunque obviamente, pues, me imagino que lo represento para ella, pero somos súper amigos.

"La visité en la cárcel durante estos 12 años y constantemente teníamos un diálogo que continuamos. No solamente era yo el que la escuchaba y la aconsejaba. Ella siempre tomaba una actitud de preguntarme cómo estaba mi salud, mi trabajo. Se interesaba por mis películas, por mi familia, por mis hijos. Siempre una cosa constante. Y yo te digo que para mí es como un espíritu, que me acompaña, que me ha acompañado durante todos estos años. Es una voz que me ha escoltado, porque ella tiene un sortilegio inmenso, en la medida en que te habla, te comenta y te dice. Ella es como una esponja que absorbe todas las experiencias y los errores humanos, incluso los míos, los atrae y me da tranquilidad en muchísimos sentidos".

Su crecimiento espiritual y desarrollo intelectual, a pesar del bajo nivel escolar, por una parte, y la película, la historia, ese encuentro contigo, ese descubrimiento que tú haces de ella, por otra, han contribuido mucho a esto de lo que hablas, le comento a Víctor.

"Primero, su evolución a partir del éxito de la película, la posibilidad que tiene también de nunca moverse de su sitio porque ella pues, digamos, nunca ha olvidado quién es, la niña de Niquitao; esa niña que crece en una pensión de inquilinato, viviendo con su familia en una pieza oscura durante el día, y en la noche la mamá vendiendo droga; unos hermanos que de pronto han terminado muy mal, pero, al mismo tiempo, siendo ella, con la alegría de recibir el cariño de la gente, siempre hablando desde su lugar, o sea, esa voz que nunca ha transado con nadie. Ni siquiera ha tenido la oportunidad de cambiarse por nada. Ella siempre ha hablado desde esa niña que ha cautivado por su autenticidad, y porque a través de ella la gente ha escuchado la voz que habla por todo el mundo.

"En Colombia la aman porque ella habla por todos esos que viven en nuestras ciudades y que son más del 60 por ciento de esa gente que no tiene futuro, que vive al día, que la vida es un traspié, es un desorden y es una alegría y es una tristeza. Y todo se mezcla. Y que ella, en ese caos y en ese desorden, siempre tiene una vocecita con un criterio que te dice qué es aquello, qué es esto, qué es lo bueno, qué es lo malo, qué es el corazón, qué es la emoción. O sea, esa es la voz de ella que ha estado durante todo ese tiempo, que también ha evolucionado, en la que están el resentimiento, los pedidos de justicia, los recuerdos de los grandes dolores de la gente.

"No sé si para *Lady* es importante, pero yo recuerdo que cuando ella entró en la cárcel, Vicky Hernández[18] personalmente le dijo: 'Usted es una actriz. Y para todas las actrices, todo lo que vivimos es realmente nuestra academia, es donde aprendemos. Por favor, fíjate en la cárcel, mira a la gente, aprende de ella, aliméntate de todo lo que vives'. Y eso es lo que ella ha hecho. Porque en la cárcel, obviamente, ella desarrolló ese espíritu perceptivo, observador, compasivo. ¿Cierto? También, a veces, de contradicción con los demás y todo, pero ese espíritu de *Lady* se ha alimentado. Y esa voz de ella, cada vez es mucho más profunda".

Víctor Gaviria observa el cartel de la película colgado en la pared de su casa en Medellín.

---

[18] Victoria Hernández Salcedo (Cali, 14 de octubre de 1945), reconocida actriz de teatro, cine y televisión, ícono importante para el arte en Colombia.

"Yo me pongo a pensar, qué es lo que hace que la gente no la olvide a ella como un personaje al cual siempre consultan, como un pequeño oráculo, entre comillas —me remarca—. Es porque en ella encuentran cosas que no encuentran en las cadenas, en los medios, en la televisión, en los locutores; en esa gente que está hablando todo el día, que son también otras voces de la ciudad, pero en las que no encuentran eso que ella tiene".

A estas alturas, no sé si Víctor es consciente de que estaría bien volver a una historia contada en 1998, aunque se diga que segundas partes nunca fueron buenas. Atendiendo a la evolución del personaje, como cineasta ¿sientes esa necesidad? —le pregunto y le aclaro: trabajando con *Lady*, no con una actriz que la interprete, como han hecho la televisión o Netflix.

"Pero imagínate que no lo he pensado. O sea, cuando iba a la cárcel muchas veces le decía por animarla, cuando salgas de aquí vamos a hacer otra película. Pero hagámosla sobre lo que te ocurrió, por lo que estás en la cárcel. Pero no lo decía yo muy convencido, porque no quería molestarla ni meterme en unas cosas que yo no sé si ella quiera revivirlas o contarlas, así no más. Pero lo que tú me propones ahora yo nunca lo había pensado, que era como quien dice, retomemos a este personaje y hagamos ¿qué?"

La vendedora de rosas II —le respondo—. Es que está tan vigente, tan rica la historia.

—"Nunca lo había pensado"— me recalca.

Le comento que Édgar Domínguez escribió un libro; yo mismo, desde 1998, la he seguido como documentalista sonoro; Netflix y RCN han hecho una serie...

"Yo, en parte, me he asombrado de que todo el mundo haya escrito esa especie de novela por capítulos que es la vida de ella y que tú hayas realizado esos programas seriados en radio", me dice.

—Lo mío es un seguimiento —le aclaro—, pero tú eres el padre de esta historia que está constantemente actualizándose, contada en varios soportes; que ya es transmedia y está dándole la vuelta al mundo en varios formatos, uno de estos, el inicial, el de cine. Y creo que estaría bien cerrar también así, con cine.

"Con todo lo que ha vivido Lady a partir de la película, ¿no?, recogiendo esos momentos en los que ser vendedora de rosas también ha marcado su destino. Porque, digámoslo, desde que ella terminó *La vendedora de rosas* y la reconocieron en Cannes, en San Sebastián, luego en Madrid, donde estuvo conversando con muchísima gente, ella no solamente es *Lady* Tabares, sino también *la vendedora de rosas*. Entonces esa doble condición también le ha marcado momentos de su destino. Ella me decía en algún momento después que tú le llevaste las rosas —en 2002—, resulta que cuando entró en la cárcel —en 2004—, empezó un poquito como a lamentarse de ser *la vendedora de rosas*, porque le cayó encima también una envidia inmensa que no la dejaba vivir, porque esa niñita, escuálida, menudita, pequeñita, que además tenía una característica única, que no venía de ser vendedora de rosas, si no de ser *Lady* Tabares, y era que ella nunca transigió en la cárcel con las injusticias que el mismo sistema carcelario produce en las reclusas. Entonces ella vivió una guerra constante, constante, porque, además, no le perdonaban haber sido *la vendedora de rosas*.

—Todo eso lo tengo registrado sonoramente —le confirmo.

—¿Te lo habló en algún momento?

—Sí, en las entrevistas que he venido haciéndole, primero en la cárcel del Buen Pastor, aquí en Medellín; después en una telefónica cuando estaba en Valledupar, y luego en la última cárcel, El Pedregal. Todo eso lo tengo registrado y te puede ser muy útil.

—O sea, lo que me propones es hacer una novela por capítulos de lo que ha sido este encuentro de los medios y ella: los medios y los oyentes, los televidentes y los espectadores en general. Porque ese encuentro, ese diálogo, ha sido intermediado por vos, por otros periodistas y cronistas, pero yo nunca lo he leído. No hace mucho, por ahí medio año, escuché una de las entrevistas tuyas antes de entrar a la cárcel. Y cada entrevista como esa colocada en el tiempo, tiene un antes y un después que sugiere muchísimas reflexiones.

—Como, por ejemplo, la del precio de la fama, que ha tenido que ver mucho con su caso —corroboro, a la par que aprovecho para preguntarle si cree que la sociedad se ha ensañado con *Lady* Tabares.

—Pues hombre, es todo lo contrario. O sea, la mitad del país, porque no voy a decir que todo el país... Incluso a ella le da mucho miedo. Cuando fue a Bogotá hace unos meses, estaba muerta del pánico, y cuando salió y le dieron casa por cárcel, encontrarse con un rechazo, aquellas personas que podrían tenerlo, nunca lo manifestaron. Ese runrún por ahí.

—Pero no me refiero a la opinión pública que la sigue, que se solidariza y entiende su causa —le aclaro—. Hablo de las autoridades.

—Eso es otra cosa, realmente; sí, porque esas autoridades representan también parte de la sociedad.

—Debí haber dicho la justicia colombiana, como rectora de las leyes, de hacerlas cumplir. Porque ella sigue manteniendo que es inocente. Incluso hay un testigo que afirma que *Lady* no tiene que ver con ese homicidio del taxista. Por eso te digo, hasta dónde la justicia de este país profundizó para condenarla a 26 años de prisión.

—Ella se topó con unos fiscales, con unos jueces que todavía quieren castigarla —me advierte. O sea, que no le perdonan el hecho de que una niña sin estudios, ni primaria terminada, sin ningún mérito de nada, pues llamara tantísimo la atención, se convirtiera en un símbolo. No le perdonan eso. Y quieren castigar ese símbolo, quieren castigarlo y todos amparados y puestos detrás de la idea de que ella, una actriz, no puede tomarse el privilegio de atentar contra la ley. Pero ha sido un castigo injusto. Además, irónico, porque a ella la acusaron de autora intelectual de un embrollo, de un suceso que no fue guiado por nadie, sino que se fue dando, a tropezones, por malentendidos, la creencia de que ella es autora. Una niña que ha sido carente de todo y que ha sido golpeada por todas esas carencias ¿cómo ella va a ser autora? ¿de qué?

"Ese ensañamiento que ha tenido la sociedad colombiana representada por sus autoridades, por sus jueces, sus fiscales, por las leyes que la han condenado implacablemente, sin ninguna piedad, a una niña que no ha tenido nada en la vida, que vivió en Niquitao; una niña que lo único que ha tenido han sido unos pies para correr en la esquina, impulsada por su alegría vital, que eso sí lo tiene ella muy fuertemente. Ese castigo también yo lo entiendo de esta manera, ella cuando entra en la cárcel… yo no sé si hay muchos personajes como ella, pero en la cárcel no conocí ninguno, y ella nunca se dejó triturar por esa máquina de castigo que son las cárceles en el mundo y concretamente las colombianas. Esas prisiones empujadas por todas esas guardianas del Inpec, que lo único que hacen es avasallar a los pobres reclusos, humillarlos, muchas veces, sí, por delitos que han cometido. Por lo general, cuando yo entraba a la cárcel observaba a todas esas compañeras de *Lady* que se les veía en la cara que habían sido víctimas de circunstancias atroces. El concepto de libertad no vale allí, y *Lady* siempre demostró la enorme libertad de no dejarse machacar por esa máquina que hace desaparecer a la persona bajo sus discriminaciones, sus incriminaciones, sus señalamientos. Ella salió de la cárcel totalmente intacta en ese sentido. O sea, su libertad es lo que habla en su voz y es lo que la gente escucha; ella nunca se dejó humillar por ese aparato de terror que son las prisiones colombianas".

—Creo que ahí está la clave de todo lo que ha pasado con *Lady* Tabares —digo para resumir la idea, a lo que Gaviria me responde:

—Voy a hacer la relectura de lo que me has sugerido. Todos sabemos que ahí hay una voz que tenemos que desentrañar. Tenemos que entender qué es ese personaje, único de la vida nacional, que no sabemos si es ficción o es real, pero un personaje que ciertamente nos está diciendo quiénes somos nosotros.

XI. Espinas y rosas

21 de mayo de 2015

He quedado con Víctor y *Lady* para almorzar juntos en la zona universitaria de Medellín. Pero ninguno de los dos sabe que coincidirán en esta cita. Cruzo los dedos para que el Inpec autorice a *Lady*, hoy que tiene un control de rutina en las oficinas de esa institución carcelaria. Una vez que termine su cita vendrá hasta aquí, al modesto restaurante *La Tiendecita*, en la calle53 #64ª-15, en Medellín, cerca del Centro Cultural de la Facultad de Artes de la Universidad de Antioquia.

Llego acompañado por la amiga Consuelo Alméciga Rincón, líder comunal en Sabaneta, quien conoció a Víctor y a *Lady* personalmente, cuando me acompañó a las entrevistas con ellos. Estará también con nosotros el amigo José Fernando Londoño, psicólogo de profesión y músico de corazón. Él es el primero en aparecer, un poco después del mediodía. No viene solo, trae consigo su guitarra, a la que le sacó las notas de *Espinas y rosas*, tema que compuso en 2002 para la serie radiofónica *Cine Latinoamericano: Rarezas y Entretelones,* que realicé para *Radio Nederland.* Después llega *Lady*, quien nada más bajarse del auto despierta el interés de los otros comensales de este y de los restaurantes colindantes. Hasta el tránsito en la calle se hace lento tras su aparición. Elegimos sentarnos en las mesas de afuera; el día está precioso y la temperatura es ideal, como casi siempre en Medellín.

Víctor llama para confirmar que llegará, pero después de la hora prevista, porque aún está en una reunión de trabajo. Vamos haciendo el pedido mientras disfrutamos de una limonada natural. Casi todos elegimos la sopa de pescado con mariscos como primer plato y filetes de pescado acompañados de arroz de coco con salsa tártara y ensalada. Casi todos, excepto dos de los comensales, que prefieren sopa de pollo y lomo salteado con arroz blanco. Justo cuando estamos disfrutando del almuerzo se aparece Víctor y menuda sorpresa la de *Lady*, ajena a ese encuentro inesperado con su papá, como le llama ella. Se funden en un abrazo y seguimos departiendo y compartiendo juntos este momento de comunión en el que hablamos del pasado, del presente y de lo que está por venir para todos nosotros. Brindamos por la nueva etapa en la vida de *Lady* y por la aspiración de que sus sueños no terminen devorados en ese difícil camino de vivir presa en su propia casa. Para los postres y el café de despedida, aparece la guitarra de José Fernando, quien comienza a tocar unos acordes de fondo mientras recuerda un pasaje vivido hace más diez años.

"Cuando Juan Carlos vino a entrevistar a *Lady* en 2002, me encargué de la producción y de coordinar sus tránsitos por Medellín y alrededores. Lo acompañé a sus encuentros con ella y con Víctor Gaviria. Yo tenía puesto en el auto un casete con algunas de mis composiciones, grabadas muy rudimentariamente. De pronto me pregunta:

—¿Quién es el que canta?

—Ah, ese soy yo —le digo.

—¿Y las canciones? —me vuelve a preguntar.

—Son mías —le respondo.

"Seguimos escuchando, camino al municipio Bello, hasta que llegamos a casa de *Lady*. Cuando terminamos el trabajo de producción planificado para su corta estancia en Antioquia, unos días antes de marcharse, me dice:

—¿Por qué no compones una canción para el capítulo sobre *Lady* Tabares de la serie radiofónica que estoy preparando?

—No hay problema —respondí—, escuché la historia mientras grababas la entrevista, vi la película y conozco la ciudad. Y así fue. Unas semanas después ya tenía el tema compuesto. Quise hacer una metáfora entre lo que es la rosa, sus espinas, y la vida que ha llevado Lady. La grabé para ese programa de la serie de *Radio Nederland* dedicado a ella y a su paso por la pantalla grande. La canción la monté con acompañamiento de violines y otros instrumentos, y la canté junto a mi amiga Carolina Lopera. Hace rato no la toco. Pero me voy a aventurar a cantarla aquí para *Lady*. Por lo menos, la letra nunca se me ha olvidado. Y la hicimos con mucho cariño.

Su vida no es rosa como en la pantalla
Lady sus espinas deshojan batallas
los pétalos rojos marchitan en su piel
cansada del mundo, cansada de ser
del mundo y sin rumbo sin amanecer
del mundo y sin rumbo de rosa a mujer.

Vendiendo sus rosas llegó a parecer
del cine a la vida volviendo a nacer
a través de sus rosas muestra una ciudad
que agoniza y despierta Medellín su realidad
eterna primavera marchita en lo real
que revive en el cine ilumina su verdad.

Llora por los que se fueron y no volvió a ver
a sus tumbas lleva rosas los pedazos de su piel
es el filme de la vida es su vida es su ser
que ha mostrado lo que era y ha logrado lo que es
cuando sangran sus espinas se desgarran en su piel
se deshoja su inocencia se marchita su niñez.

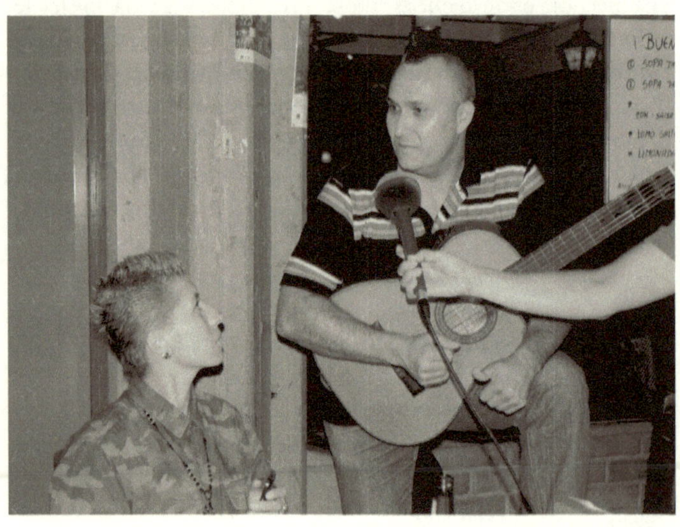

Terminan los últimos acordes y el aplauso de todos es un premio para José Fernando. *Lady* se levanta de su silla, lo abraza y le da un beso.

—Pero yo la quiero tener —reclama *Lady* —. ¡Qué linda, muchas gracias!

—No es mía —dice el autor—. ¡Esa canción es suya!

—Súper lindo, José Fernando. No me imaginé esto. Se oye mejor así, en vivo y en directo, que en el computador —le reitera la actriz —. ¡Linda esa letra! ¡Qué halago tan grande!, la verdad. No sé si lo merezco, pero es hermosa.

—Sí lo mereces —le responden todos casi al unísono.

—Para mí no solo fue halagador, sino un privilegio tener la oportunidad de componer esa canción y hacerla parte de toda esta historia, que a su vez todavía hace parte de nuestra ciudad, del cine de Víctor y, por supuesto, del seguimiento que ha hecho Juan Carlos.

Víctor le pasa su brazo por el hombro a *Lady*.

—¿Qué pensabas mientras escuchabas la canción? —le pregunta.

— Iba procesando la letra como tal. Tú sabes que yo soy tan romántica, tan peculiar, ¿cierto? —dice Lady riendo, con aire picaresco—. Me enfoqué más en él, pensando en qué condiciones la iba escribiendo. Si de pronto estaba sentado, en su cuarto con la guitarra, o en alguna otra parte y se le ocurría la letra y me recordaba de cierta forma para escribirla. Nada, que me enfoqué más en los momentos en que él la concibió como autor.

—Es que aquella entrevista fue muy inspiradora —recuerda José Fernando—.

Hay una cosa muy mágica, muy bonita, en este seguimiento radial a la historia de *La vendedora de rosas*, lo que produce en los demás, todas las sensibilidades que despierta. Y sí, estaba en mi cuarto. Escribí un borrador. Realmente la inspiración tiene esa virtud, que logra que las notas se compaginen, que las palabras sean precisas, y no fueron muchos los ajustes que tuve que hacerle. Entonces, de inmediato lo llamé, a Juan Carlos, a Holanda y le puse en alta voz lo grabado. En quince minutos estuvo lista.

—Juan Carlos me dijo que había una canción y me preguntó: ¿no la has escuchado todavía? Ni idea, le dije. Y la oímos ayer en el computador, mientras me entrevistaba después de tantos años de aquel encuentro recién estrenada como mamá. Y disfrutarla hoy, en directo, ha sido una sorpresa y un premio.

—Nada que no merezcas —enfatiza José Fernando.

Lady le agradece, mientras Consuelo, que había permanecido callada hasta ahora, interviene:

—Oiga, *Lady*, en esta mesa hay mucho sentimiento. Yo he chicaneado mucho estos tres días acompañando a Juan Carlos a las entrevistas con Víctor, con el escritor Édgar Domínguez y con usted. Vale huevos todo lo otro que tenía que hacer —le dice mi hada madrina y compañera de viaje en esta ocasión en que José Fernando no ha podido servirme de guía en el complicado engranaje vial de Medellín.

"Esa entrevista con usted, *Lady*, nos hizo como meternos en su vida, en sus sentimientos —agrega—. Fue tan bonito, tan bonito. Y yo me ponía a analizar las palabras de cada uno, cómo ve Víctor su historia, cómo la ve Édgar, cómo la ve Juan Carlos, y todos coinciden en algo, ¿cierto? Algo que no sé cómo explicarlo, que a veces la fama no es tan buena. Le hace pagar a uno injustamente cosas. A veces se refleja mucho cariño, pero a veces se cobra esa fama de manera injusta, porque eso se lo gana una con su esfuerzo o con lo que haga. Entonces, yo me he sentido privilegiada de estar aquí y hoy rematar con la canción de José Fernando".

El autor rasguea otra vez en la guitarra las notas de *Espinas y rosas* y comienza a tocarla de nuevo. Me cercioro de que estamos grabando otra vez la canción, mientras veo que los presentes capturan con sus teléfonos este momento, que luego estará en YouTube, con decenas de miles de visitas.

—Yo se la llevé a la cárcel —le dice José Fernando—. Le dejé un CD de la canción para que se lo entregaran.
—Nunca me lo dieron —se lamenta *Lady*.

XII. Cuando dan las 12:00

Hilversum, Holanda, junio de 2010

"Hay un dicho muy popular que apunta: Vaca vieja no olvida el potrillo" —dice ante el micrófono el psicólogo José Fernando Londoño, de visita en el estudio 4 de *Radio Nederland*, al hablar de *Lady* Tabares.

Mi invitado explica que la realidad de *Lady* tiene que ver con la estructura de su modelo de convivencia: "Es decir, el ser humano está formado desde unos referentes, desde unas bases, cualquiera que ellas sean, que son las bases sobre las cuales todo individuo se construye y, sencillamente, cambiar de estatus o cambiar de vida de la noche a la mañana no necesariamente hace que uno abandone eso que siempre ha sido. No significa tampoco que uno no pueda cambiar. Pero es difícil para una niña cuyos referentes han sido los del sacol, los de la droga, los de la calle; una niña que durante toda su infancia ha estado dentro de un ambiente hostil, con un padre abusador. Entonces empezamos a mirar el referente sobre el cual ha construido su historia y no basta simplemente con protagonizar una película con puntos coincidentes sobre su vida, porque ella no tenía que actuar, tenía que representarse en lo que era su vida cotidiana, con la que logra tener una fama. Logra saltar a la palestra mundial, porque era no solo salir de Medellín, salir de Colombia. Era ir a los grandes festivales de cine, era encontrarse con personalidades de todo el mundo; era que la reconocieran por una cosa distinta al hecho de ser la niña que vende rosas en la calle. Entonces, una persona que se encuentra con ese fenómeno no necesariamente hace que cambie un momento de su historia. Y de hecho esa fue su vida. Pero no necesariamente cambia lo que ella es".

En esencia, es como si *Lady* Tabares hubiera confundido los roles, le comento a Londoño. O como si quienes la rodeaban en ese momento no hubieran sabido guiarla por un camino para ella desconocido. El reto era muy grande.

"Sin embargo —refiere Londoño—, si uno revisa las condiciones que tenía, no solo fue ese salto brusco a la fama a través del cine. En la televisión también le dieron una oportunidad posterior, en la telenovela *La guerra de las rosas*; de seguir en el mundo de la actuación; un canal de noticias hizo una campaña para regalarle una casa que al final se la consiguieron. Entonces, se dan una cantidad de cosas que parecen de cuentos de hadas. Hay una frontera entre la realidad, la historia personal y los espejismos de esa realidad. Es muy difícil diferenciarlos.

El invitado al programa *Voces* también cuestiona el tratamiento dado por la prensa: "Como muchos de los casos, no solo el de *Lady* cae en el anonimato. Muchas de las situaciones parecidas en Colombia no tienen el seguimiento que han hecho medios internacionales serios, como *Radio Nederland*, que ha seguido el rastro de *Lady* Tabares. No se queda en la niña de la película, sino la historia de la mujer, como lo dice la canción que compuse para la serie de radio, es una vida de espinas y rosas. Ella sigue librando esa batalla no sabemos por cuántos años más".

Medellín, 20 de mayo de 2015

"Es un ser que me atrapó desde el primer momento —refiere el periodista y escritor Édgar Domínguez, al hablar de *Lady* Tabares—, porque ha vivido tantos desafíos, en unas condiciones adversas que desde su origen no pudo escoger y tuvo que afrontar con valentía; un ser que también logró poner su sello personal a su vida por tener en su esencia una cantidad de valores mezclados con toda la rabia y la furia y la valentía que se necesita para vivir en las calles la situación que ha tenido que sufrir"

¿Qué es *Lady* para Édgar? "Una persona singular, no hay dos seres como ella. No es mejor ni peor que nadie. *Lady* es única". Como autor de *La niña que vendía rosas*, convertido en su biógrafo, Édgar encuentra o define el punto de quiebre de *Lady* como persona, porque —asevera— "ella no es una niña de la calle más entre todas esas personas sin posibilidades; está muy marcada porque de pequeña se escapó de su casa, de la compañía de su madre, y terminó en un orfanato de monjas; entre los cinco y los ocho años, etapa en que los niños todo lo absorben y aprenden, recibió educación de las monjitas, aprendió unos valores que, contrastados con su vida en la calle, formaron a una persona fuerte, recia, capaz, arriesgada. Rebelde, le acoto. Sí, muy rebelde; unos valores matizados con toda esa educación. Eso es lo que la hace única, creo".

Hay muchas lecturas de la vida de *Lady* en los medios de prensa, le comento al también guionista de 25 de los 52 capítulos de la serie de televisión *Lady, la vendedora de rosas*, producida por *Sony Pictures Television* y *RCN Televisión*, y transmitida por *Netflix*. "*Lady* es amada o es odiada. No le es indiferente a nadie", me dice.

"La prensa en Colombia tiene una dinámica muy comercial y en las últimas décadas ha hecho carrera con el formato de noticia que vende. Y entonces, en ese punto, *Lady* siempre ha sido un plato muy apetecido para los medios porque tratado a la ligera puede permitirles dar una cierta lección y convertirse en líderes del concepto social y del deber del ciudadano en todo esto. Yo no puedo denigrar a los medios porque he sido parte activa de ellos y, cuando llegué a conocer a *Lady*, lo hice buscando una noticia para el periódico *El Tiempo*, para el que trabajaba en ese momento. Entonces, no quiero acusar a los medios. Lo que ocurrió es que, cuando fui a buscar esa noticia, encontré que había mucha más profundidad que una simple noticia y exploré en esas profundidades, porque me parece también que mi deber como periodista es ese. No puedo ser ajeno a una realidad que no se ha mostrado y creo que sería injusto que solo se llegara a emitir solo una versión farandulera, liviana, rápida del hecho. Lo que busqué fue profundizar en la persona, porque entendí que era un personaje para mi quehacer periodístico, no una banalidad".

Édgar Domínguez me habla también de las diferencias entre el tratamiento que le han dado la prensa colombiana y la internacional al caso de *Lady* Tabares: "Adolecemos de ese rigor. Tenemos que ser más reflexivos y con este tema ha faltado un poco eso. Y aquí tomo las palabras de Juan José Hoyos, también escritor y periodista, autor del prólogo de mi libro, quien decía que después de conocer la historia de *Lady* es difícil juzgarla. Porque, en verdad, cuando nos detenemos a profundizar en su historia, es muy complicado decir algo más. Me pregunto qué sociedad podría juzgarla. La prensa nacional, digamos que está montada en una industria un poco depredadora, en la que un personaje como *Lady* termina muy maltrecho en muchas ocasiones, porque es usado de acuerdo con su necesidad. Es decir, cuando estuvo en Cannes fue encumbrada, llevada hasta lo más alto y luego soltada desde esa altura para que se estrellara contra el pavimento. Y entró en una especie de olvido, hasta que se presentó en un hecho de crónica judicial en el que se ve involucrada y cierta prensa la lleva a lo más bajo de este tratamiento. Esa es nuestra realidad, el periodismo que hacemos.

"Los periodistas internacionales que han tenido interés en hablar de *Lady*, he encontrado que siempre han sido muy profundos. Encuentro que el tratamiento es muchísimo más imparcial, al alejarlo de juicios de valor que le hacen tanto daño y que tantas lágrimas le han sacado a *Lady*. Han intentado profundizar un poco más en ella como ser humano. Y ahí hemos encontrado cosas muy interesantes. Pero eso no quiere decir que en Colombia no haya buenos periodistas. *Lady* ha tenido la fortuna de encontrarse con unos cuantos. Tiene grandes amigos en los medios, personas que han valorado lo que ella es y han hecho piezas espectaculares de su serie y de lo que es su vida, desde documentales de muy buena factura hasta notas periodísticas sumamente interesantes. Entonces, su vida es eso, de amores y de odios, pero no porque *Lady* odie a nadie. Su corazón no le permite eso. Pero sí es lo que despierta en las personas, pasiones muy, pero muy fuertes".

Édgar cree, como yo, que la serie de televisión le permitirá a ella alejarse de *La vendedora de rosas* y ser *Lady*. "Por supuesto que es una redención y lo que yo espero de la serie, por encima de cualquier cosa es que quien la vea comprenda quién es *Lady*, por qué es como es, por qué le ocurrieron las cosas que le ocurrieron y qué tiene para dar hoy en día. Para mí, personalmente, tiene amor por montones para dar, pero le es difícil encontrar quien lo quiera recibir. *Lady* tiene mucho que entregarle a la sociedad, una historia, un testimonio; un liderazgo, un reconocimiento. Ella, como ser, todavía tiene muchísimo que ofrecer. Pienso que ahora tiene una oportunidad de ser valorada. Y no tiene que ver con la riqueza, sino con la dignidad de la persona. Entonces, creo que es su momento. Estamos esperando a que le den su libertad. No entendemos por qué no ocurre. Todas las personas involucradas en ese hecho, incluso los que reconocieron su participación y fueron condenados por el homicidio, pues ya todos están en libertad, pagaron su condena de acuerdo con las leyes colombianas y *Lady* aún no recibe su libertad por una razón: porque es vertical. Es como es, una persona íntegra, y no encajó en un

sistema penitenciario donde hay unos códigos y unas maneras
de proceder que a ella nunca le parecieron justos, y en ese tira
y afloja está saliendo obviamente muy aporreada, porque ya
debería de tener la pena cumplida".

Édgar Domínguez comparte mi idea de que la fama le está pa-
sando factura. "Totalmente —me confirma—. En este país tendemos a encontrar chivos expiatorios, a victimizar personas, pero
también a culpabilizarlas más allá de cualquier ordenamiento jurídico y, por supuesto, que ser la *vendedora de rosas* ha hecho que
Lady no haya podido todavía superar este episodio en su vida ni
recibir la redención judicial en la que debería tenerse la sensatez
de decirle: *Lady*, usted ya cumplió su pena. Y todavía la justicia se
empeña en mantenerla en prisión domiciliaria, lo que no sé qué
rédito le puede generar.

Bogotá, 6 de octubre de 2015

Invité a *Lady* al estreno de *Amo mi soledad*, en el Primer
Foro de Documental Sonoro (SONODOC), realizado en las
universidades de *Los Andes* y *Jorge Tadeo Lozano*, de la capital
colombiana.

En su condición de reclusa en prisión domiciliaria, obtu-
vo nuevamente permiso del Inpec para ausentarse de su casa
y viajar de Medellín a Bogotá. La acompañaron el director de
cine Víctor Gaviria y la periodista Natalia Orozco, que por esos
días filmaba con ella un documental de televisión. Los tres me
acompañaron en mi conferencia "*El documental sonoro en la era
de la narrativa transmedia*".

Durante la participación de Lady *en el Foro De Documentalistas Sonoros celebrado en Bogotá en 2015: De izquierda a derecha: Juan Carlos Roque,* Lady *Tabares, Natalia Orozco, Víctor Gaviria y Julian Esteban (el hijo más pequeño de Lady).*

Foto: Georgina Torriente

Fue un intercambio rico de saberes, sobre las experiencias de cómo contar una historia con sonidos en los diferentes soportes de lo que antes se conocía como radio y sus géneros, y ahora se convierte en un desafío transmedial, al instalarse en un escenario con audiencias activas y críticas. El documental sonoro es el que más propicia la imagen a través del sonido y tiene puntos de contacto con la producción audiovisual.

El uso del audio en la web resulta un reconocimiento a las distintas maneras de hacer radio en estos tiempos, pero con el acompañamiento de otros formatos digitales, como se muestra en la plataforma transmedia sobre *Lady,* donde está presente la obra de varios autores: la película *La vendedora de rosas,* de Víctor

Gaviria; el libro *La niña que vendía rosas*, de Édgar Domínguez; el documental *Lady, mi historia*, de la periodista Natalia Orozco, y el documental sonoro *Amo mi soledad*, de mi autoría.

En el análisis todos intervenimos para hablar desde nuestra experiencia de realización, y hasta *Lady* se anima a exponer su opinión de cómo cada medio ha reflejado su vida en el audiovisual. Habla de las veces que ha colaborado para que los periodistas puedan grabar las escenas sonoras y de video.

Visite la plataforma multimedia sobre Lady *Tabares utilizando la aplicación QR en su smartphone.*

Más recientemente, en octubre de 2017, tras su estreno en las salas de cine de Colombia, a la plataforma transmedia de *Lady* Tabares se agregó *Poner a actuar pájaros: 20 años después de La vendedora de rosas*, película documental dirigida por Erwin Goggel Imfeld, productor del filme de Gaviria en 1998. Erwin es colombiano de origen suizo. En los años setenta del siglo anterior se convirtió en uno de los pioneros de la cinematografía en Colombia, no solo como productor, sino también como director y fotógrafo. Hoy, su trabajo supera los veinte largometrajes.

En la sinopsis de esa película se dice que con *La Vendedora de rosas* "conocimos el lado más doloroso de las adicciones: la juventud perdida… ¿Qué pasó con sus protagonistas? ¿Cómo hicieron, contra todo pronóstico, un relato tan poderoso? *Poner a actuar pájaros,* de Goggel, es el regreso a ese universo, una mirada al pasado más melancólico, sorprendente y desolador 20 años atrás, o una mirada al hoy, 20 años después de su nacimiento".

El cineasta revive una de las películas colombianas más importantes de los últimos tiempos al tomar el detrás de cámaras, para mostrar que esta producción se realizó con actores naturales, y cómo la fama no logró rescatar a la mayoría de ellos de las drogas y de la violencia callejera.

Los espectadores ven cómo se hizo esta película y, en especial, qué fue de la vida de los siete actores naturales que sobrevivieron. La recopilación del material documental grabado durante el rodaje de la película permite, dos décadas después, otra lectura de la vida de todos los personajes, llegando incluso a la conclusión de que la realidad era incluso más cruda y desoladora que el mismo filme, como también sucede con *Lady,* con su vida.

Vea el tráiler de la película documental Poner a actuar pájaros: 20 años después de La vendedora de rosas, utilizando la aplicación QR en su smartphone.

12 de marzo de 2018

Han pasado casi dos años y medio de nuestro último encuentro. Durante todo ese tiempo he continuado el vínculo con *Lady,* en mi condición de periodista e investigador de su desdichada vida. Llamadas telefónicas, intercambios frecuentes de mensajes por Messenger y WhatsApp, y la consulta de las redes sociales,

han permitido ese acercamiento en estos últimos años, en los que
le ha pasado de todo: desde una nueva relación amorosa hasta un
emprendimiento personal.

En ese camino de tropiezos, incertidumbres y sinrazones,
se han dado avances que veo desde lejos como gestos de buena
voluntad y de la tan anhelada justicia, hasta ahora negada. Por
ejemplo, aunque continúa en prisión domiciliaria, a finales
de 2016 el Inpec le retiró a *Lady* el dispositivo de vigilancia
electrónica colocado en uno de sus tobillos cuando salió de la
cárcel.

Su vida tiene altibajos, como la de todos. A veces, *Lady* atra-
viesa rachas difíciles, como la que me contaba en marzo de 2018:
"Ahora no estoy estudiando porque el colegio está lejos y no tengo dinero para el autobús. Y no es pereza, la verdad, pero no me
gusta la idea de irme a pie, pues siempre sería una hora y algo de
camino; tuve que decidir entre pagar el colegio de mis hijos o
mis pasajes, por lo tanto, ahora paré el estudio. Sigo con muchas
ganas de poder vivir sola, estoy cansada de esta obligación y sin el
apoyo necesario… No es fácil vivir con la familia y más cuando
una desea independizarse".

Es lógico que quiera emprender su propia vida: "Viví con lo
ganado por la serie estos años y quise por lo menos no perder
toda la plata en los gastos diarios; por lo tanto, me la jugué
como empresaria y creé *Lady Rouse* y fue mucho dinero inver-
tido y ahora no tengo fondos, pero estoy feliz porque sé que la
empresa será algo bello y bueno para mí". Este es uno de los
proyectos más importantes de su vida y por eso sus días tras-
curren entre nuevas ideas próximas a materializarse como la de
su propia línea de ropa y de artesanía, en la que ha encontrado la ayuda del diseñador de modas Cristian Vergara, su mano
derecha en esta nueva etapa, y a la que se ha unido también la
agencia *Factory Models* con propuestas que aportan a la consoli-
dación de la marca *Lady Rouse*. De hecho, la he visto posar con

varias de las prendas de su primera colección dedicada a recuerdos de la película que la catapultó. En una de las camisetas que lleva puesta se lee: "Estas son las rosas del amor", bocadillo de Lady en una de las escenas cuando está tratando de vender las flores a un comensal en un restaurante de Medellín. También luce otra con la leyenda "Me la mecatié en cositas", alusiva a una frase que acuñó otra niña de la calle, Andrea, cuando su hermana menor le reclama por el dinero que su madre les había dejado para el almuerzo.

Fotos: Édgar Domínguez, cortesía de Lady *Rouse*

En medio de esos avatares, *Lady* contrajo matrimonio el 5 de enero de 2017 con Claudia Cristina Londoño, a quien conoció en 2010 y que siempre estuvo al tanto de ella. Según le dijo a *Caracol TV*, todo se inició como una relación a distancia, ya que su compañera está radicada en Estados Unidos, debido a sus negocios. Pero eso no impidió que su vínculo se fortaleciera y que ella misma, Claudia Cristina, le propusiera matrimonio por teléfono.

"Quedé muda. Le colgué el teléfono y solo hasta los cinco días volví a hablarle. Le dije que sí y ya", contó *Lady* a la televisión, que luego confirmó que fue la actriz la que se encargó de preparar todo: la comida, el lugar, el notario y su traje.

A la boda asistieron su familia y amigos cercanos. Según *Lady*, si bien casarse fue la manera de buscar un espacio para las dos e irse de casa, a veces la relación se tambalea, y *Lady* no siempre sabe cómo sobrellevar la convivencia. A un año de su unión, ambas se han dado un tiempo y viven temporalmente separadas.

Frecuentemente, *Lady* y yo intercambiamos sobre algún tema. A veces la animo a levantarse, a luchar por lo que quiere, a no dejar de pensar en su familia, en sus hijos, que la necesitan. Pero no tarda en decir:

—¡No! Ellos son los que menos me necesitan. Como puedo les pago sus estudios, pero ellos no me ven como su mamá. Y eso ya no tiene remedio. He intentado compensar el tiempo perdido, mas ya acepté que es complicado y que solo soy para ellos la persona que les dio la vida. Punto. No les importa si estoy bien o mal. Hay respeto, mas no apoyo u obediencia. Y sufrí mucho por eso, pero ya lo entendí. A veces, lloraba mucho y dormía poco… cuando se metían en problemas graves y tenía que pagar a personas grandes cantidades de dinero para que ellos estuvieran bien y seguros; más no lo valoran. La gente cree que como son los hijos de *La vendedora de rosas* entonces la plata abunda. Termino pagando los problemas de ellos y estoy harta. Solo soy su mamá en cuestión monetaria, no más".

Nunca mejor dicho: no siempre todo es color de rosa. Pero creo que *Lady* no debe perder la esperanza de que algún día, cuando sus hijos crezcan, aprecien mejor todo lo que ha intentado hacer por ellos, dentro de sus limitaciones, que no han sido pocas.

—Sí, ha sido un proceso lento, y comprensible para mí, porque igual estuve ausente en su niñez —me dice finalmente, resignada y como buscando a la vez el porqué de esta nueva prueba que le impone su tortuosa vida, en la que varias veces ha sido Cenicienta, después de dar las 12.

Epílogo

No se puede hablar de *Lady* Tabares hoy sin buscarle explicación al porqué de su tan torcida y accidentada vida. Este libro ha hurgado en su pasado y presente para intentar entender su filosofía de mujer comprometida consigo misma. A ella se le da bien conversar, dialogar en busca de respuestas a esos porqués. Pocas veces se detiene a reflexionar por escrito. Por eso la cito aquí, con un texto suyo:

> En la vida se cometen errores que te dan grandes lesiones y dejan preguntas sin respuestas; pasan infinidad de cosas que te dejan dolores inmensos, vacíos incalculables, pero también mucho aprendizaje y crecimiento personal, porque nos levantamos de las cenizas para disfrutar del triunfo.

> Todo proceso tiene un principio y un final, sea en relaciones de pareja, de trabajo, familiares o sociales; todo el tiempo estás conociéndote y dándote cuenta de lo que eres capaz y de lo que no. Nunca he actuado de mala fe con premeditación y, aunque he fallado infinidad de veces, jamás me he considerado mejor o peor que nadie. Todo pasa en la vida y solo hasta que lo vives puedes comprender lo que es estar en el zapato del otro.

> He tenido el valor que otros han necesitado para salir adelante, he tenido la fuerza que otros no se veían para salir

de sus frustraciones y malas vidas; he sido el impulso para que otros digan logré esto, el ejemplo para que no caigan o simplemente se levanten, la alegría en los momentos más tristes y quizá también el más grande error.
Puedo decir que he sido lo positivo, la salida y capacidad en la vida de muchos y muchas, aunque hoy en día quizá no sea nada, y con eso me quedo.

Me queda la satisfacción y la alegría de que fui yo quien dio ánimo y fortaleza a esas vidas que eran tristes y aburridas, y seguramente esa es parte de mi misión en este mundo y me siento bien por eso, porque amo servir y eso llena mi ser.

Pero, más que todo, quiero ser esa fuerza, capacidad y tantas otras cosas más, conmigo y para conmigo misma; para luchar y pelear por mí contra mí, ganarle a mi ser y salvarme de mis tantos errores, de mis propios demonios y decir: "A ella yo le devolví la vida, luché contra ella por ella, y gané contra todo pronóstico". ¡Yo hoy soy feliz! A costa de mi estupidez, tristeza y fracaso, quizá, puedo decirme esas palabras: "Sé que eres y serás feliz y es poco para lo que mereces. Vales más de lo que creías y hoy, gracias a mí, tienes claro, tanto, tanto, todo tu valor. Mi amor, que Dios te bendiga".

Así que este nuevo año, gracias a los astros y al más poderoso, hoy 4 de enero de 2018, todo comienza para mí. Pasos que di en el pasado no los volveré a dar por nada ni nadie en la vida. Viene todo lo que merezco, porque hasta el momento tengo mucho que agradecer y a los que me dieron algo en el pasado les agradezco. Espero un día pagárselo con intereses. ¡Amo lo que soy y lo que no! Solo yo lo debo y puedo cambiar.

A todos los que conmigo estuvieron, mil gracias, y a los que se fueron por este u otro motivo, también mil gracias, por todo, pues mucho aprendí de ustedes. Por tanto y por más, ¡qué Dios les bendiga y que sean felices!

¡Gracias, maestra vida! ¡Bienvenido 2018!

Y no duden que en esta vida estamos de paso, no teman equivocarse, pero tengan la firmeza de volver a levantarse y sentir seguridad de que se puede ser mejor si aceptamos esos errores y aprendemos de ellos.
Pd. Gracias 2017 por tanto. ⚲ ⚲ ⚲

Lady Tabares *(Facebook, 4 de enero de 2018)*